SHENGWU JIAOSHI

XUEKE ZHISHI JIEGOU PINGJIA YANJIU

生物教师

学科知识结构评价研究

胡玉华　编著

北京出版集团公司
北京出版社

目 录

前　言

20 世纪 80 年代以来，教师知识结构一直是教师教育与发展领域的一个核心议题。苏尔曼认为教师的知识结构应该包括以下几个方面：关于学科的知识、关于学科教学法的知识、关于一般教学法的知识、关于课程的知识、关于学生及其特性的知识、关于教育的知识、关于哲学的知识。

本研究所关注的是作为教师知识结构中的一个核心内容——教师的学科知识结构问题。

有人说，教师的终身发展是学生全面发展的桥梁和纽带，那么教师的学科知识结构就是"桥梁"的基石。

教师的学科知识结构指的是从事某一学科教学的教师个体或群体拥有该学科知识的种类、深度层次以及不同种类、不同深度层次知识之间的关系。换句话说，教师所掌握的学科相关知识种类越多、层次越高、理解越深、对知识间关系的把握越到位，其学科知识结构就会越丰富，越完善，越科学合理，越能满足学科教学需要。

我国基础教育课程改革对教师的学科知识结构提出了新的更高的要求。生物教师的学科知识结构应满足生物新课程教学的要求，具有学科特征和时代特征，它主要包括生物学科的基础知识、基础理论、基本实验技能、生物学科特有的视角、方法以及学科的核心概念、生物学科的学科观念及学科哲学等几个方面，同时，也包括实践性和生活性的知识。

其中生物学科特有的视角、方法及学科的核心概念，是生物教师的学科知识结构的核心。因为只有真正领会和把握学科的核心概念，领悟概念所反映的思想方法的真谛，学会思维，才能形成功能强大的认知结构，切实发展能力，提高生物学素养。

但是我们在长期的教师培训和调研过程中，发现很多教师没有真正理解学科的核心概念，特别是对其中蕴含的学科思想和学科方法并未真正掌握，不仅新教师，相当一部分骨干教师也如此。结果导致教师的学科知识结构不合理，在实施新课程教学中，不能发挥创造性，照本宣科现象非常普遍。

本书的编写正是为了满足这方面的需要，一方面配合生物教师新课程的培训，为教师继续教育培训服务；另一方面为一线生物教师和生物教研员完善学科知识结构服务。

本书上篇介绍了中学生物教师学科知识结构评价内容框架及建构思路，首先从学科知识结构入手，对中学生物教师学科知识结构的内涵进行了分析和阐述，在此基础上构建了中学生物教师学科知识结构评价体系并对该体系框架进行了论述。

本书下篇从生物教师必要的基础知识，生物教师基本实验技能，生物学核心概念及相互联系，生物学科特有的视角、方法，统摄课程内容的学科观念五个视角，论述了生物教师的学科知识结构评价的内容并借助样题进行分析。

本书是在北京市市级学科带头人及骨干教师培训项目生物学科项目研究的基础上，对生物教师学科知识结构及评价的一些探讨。由于个人的研究视野和研究水平有限，文中疏漏和错误在所难免，敬请同仁批评指正。

胡玉华

2011 年 3 月于北京

上篇

生物教师学科知识结构评价
内容框架及建构思路

全面推进素质教育是我国基础教育新课程确立的新的教育理念，新的教育理念要求教师从传统的传递知识转向注重发展学生的智力和培养学生的创新能力。这无疑对教师的学科知识结构提出了更高的要求。

　　在这样的背景下，中学生物学科的教师应该具有什么样的学科知识结构才能与当前的课程改革相适应，怎样评价中学生物教师的学科知识结构，已经成为生物教师队伍建设和生物教师培训必须研究解决的基本理论问题和实践问题。

第一章 关于学科知识结构的文献研究

一、关于学科知识的基本结构

当代美国著名教育家布鲁纳认为，人类知识的积累增长很快，新的知识源源不断，任何一门学科都不可能把这门学科的所有知识都纳入教学大纲中去。况且，对于学生来说，要在有限的学习时间内，掌握人类创造的全部文化科学知识也是不可能的。这就要求学校必须研究教学内容，使学生所学的东西在今后的人生中更有价值。他认为，学习和掌握每门学科中那些广泛起作用的概念、定义、原理和法则是最好的办法。为此，他强调："不论我们选教什么学科，务必使学生理解该学科的基本知识结构。"

所谓"学科的知识基本结构"，布鲁纳解释说，是指该学科的基本概念、基本原理及其相互之间的关联性，是指知识的整体性和事物的普遍联系，而非孤立的事实本身和零碎的知识结论，基本概念和基本原理是学科结构的组成要素，而这些要素之间不是彼此割裂的，而是相互联系的，这种联系即为结构。我国学者钟启泉教授指出，"学科"（subject）的设定是以教育目标为依归，以扩大和深化学习者的知识积累与变化为前提的。构成"学科"的元素，绝不是片断内容和细分化知识的堆积，学科结构必须具有逻辑。学科教学中的知识建构离不开"人"这个学习主体的情感、意志、态度和价值观，离不开学习主体的具体活动情境及其默会知识。"学科"必须根据学生的身心发展阶段及其能力发展实际来组织体现知识体系和价值体系的教学内容。因此，任何学科的构成总是包含了知识、方法、价值这三个层面的要素：其一，构成该学科的基础知识和基本概念的体系；其二，该学科的基础知识和基本概念体系背后的思考方式与行为方式；其三，该思考方式与行为方式背后的情感、态度和价值观。换言之，它囊括了理论概念的建构，涉及知、情、意的操作方式和真、善、美之类的价值，以及探索未来和未知世界的方略。这种以逻辑的知识形态来表现的知识体系和价值体系就是"学科"。

对于学习学科基本结构的意义，布鲁纳进行过专门的阐述。归纳为以下几个方面：一是学习学科基本结构能产生学习的普遍迁移；二是学科基本结构有利于对学科的深入理解和整体上的把握；三是学习学科基本结构能使学科基本观念在记忆中得到巩固；四是学习学科基本结构可以缩小所谓"高级"知识和"初级"知识之间的间隙。学习学科基本结构，通过编制"螺旋形"课程，使学生的认知发展带有连续性，知识从"初级"到"高级"都是沿着基本观念上升的，这样既不脱离学生的实际水平，又与当代科学知识发展相联系。

奥苏伯尔提出的同化理论也从心理学的角度体现了对课程知识结构的包容性的强调，他认为某一学科领域的知识体系为个体所掌握后，其在个体头脑中的组织是一个逐层分化的认知结构体系。包容范围最广的那些观念位于这个结构的顶端，然后是逐渐分化的各级命题、概念。

从以上的叙述中可知，学科知识基本结构中的关键词是"联系"，包括知识上下位之间的联系及知识横向各要素之间的联系。

学科知识基本结构具有整体性和层次性两个特征。

整体性是指任何学科的知识都是充满关系的有机整体，学科教学中应以整体观念为指导，不只是了解概念、原理和规则本身，而且要思考这些概念、原理和规则之间以及与事实现象之间的联系，使任何与该学科有联系的事实、论据、观念、概念等都可以不断地纳入一个处于不断统一的结构之内，构建经纬交织的知识网络，克服离散性。这样就既易于学习，也便于深化理解和记忆，因为学习材料纳入个人的知识结构中之后，可减少复杂性而易于提取。

层次性是指学科知识由于观念的抽象性、包摄性和概括性程度不同而形成的具有层次性的金字塔形的结构。而处于塔顶的就是学科领域中核心的基本观念。在教学中，让学生掌握与这些基本观念相伴随的完全形式的体系，就能起到以纲带目，以简驭繁的效果。

布鲁纳认为，任何学科都有其基本结构，任何与该学科有联系的事实、论据、概念等都可以不断地被纳入一个处于不断统一的结构之内。这种基本结构是学生必须掌握的科学因素，应该成为教学过程的核心，因为学生如果掌握了学科知识的基本结构，就可以独立地面对并深入新的知识领域，从而不断地独立地认识新问题，增多新知识。这一点在"知识爆炸"的时代显得尤为重要。

二、关于生物学学科知识的基本结构

我们认为生物学的学科知识基本结构应该呈现图 1-1 的形式。

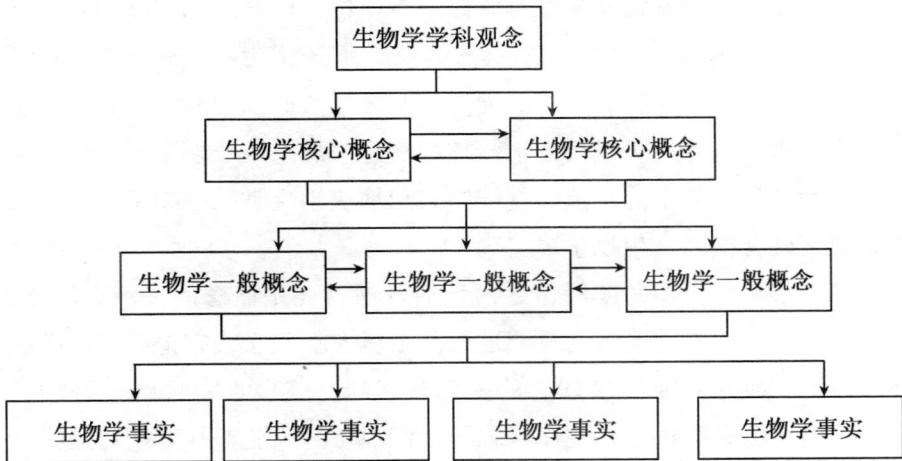

图 1-1　生物学的学科知识基本结构

从图 1-1 不难看出，要理解生物学的学科知识基本结构，首先要知道什么是"概念"。

（一）什么是概念

"概念"在汉语词典中的解释是："人们在反复实践和认识过程中，将事物共同的本质特点抽象出来，加以概括而形成的理性认识。"它区别于日常用语中的"概念"，在日常用语中人们往往将概念与一个词或一个术语同等对待。

这里，之所以要强调"概念"，是为了把教材中的教学内容区分为生物学"事实"和生物学"概念"两种知识。

为什么要区分事实和概念呢？

对于学生来说，掌握"事实"性知识，主要靠记忆；掌握"概念"性知识需要思维的训练。教材的主干知识都是"概念性"知识。而"事实"性知识，多数是零散的、枝节性的，教材中列举的事实都是用来支撑概念建构的。

概念是由众多事实归纳推理分析得出的，是思维的产物。而且，概念需要众多事实的支撑。也就是说，概念是建立在事实感知的基础之上的。从哲学的观念来说概念是思维的基本单位，概念是知识的细胞。不同版本的教材阐述的生物学概念是相同的，同一个生物学概念可以用不同的生物学事实来支撑和阐述。通过生物学核心概念的教学，我们对不同版本教材的内容就可以用生物学核心概念来加以统一起来，把生物学概念的教学作为教学的重点，就能够真正地使学生掌握生物学理论，而不是死记硬背很多"生物学事实"。

从生物学的发展角度看，生物学的发展首先是概念的发展，因为，在生物科学中，绝大多数的重要进展是由引入新概念或完善现有的概念而取得的。概念是生物学理论的基础和精髓，概念也是思维过程的核心，一个新概念的提出，往往标志着人们观念的改变，甚至是对生物学科一个全新的认识。而生物学事实是客观的，凭借人的感官可以直接或间接观察到，是具体的。

例如，在植物育种中，一对相对性状的 3：1 比率的这个事实在孟德尔之前就已经被植物育种人员发现过许多次，甚至达尔文在他的植物育种试验中也曾很多次发现这一比率。然而所有这些都毫无价值。直到孟德尔发现了分离规律并等到魏斯曼引入了两个指导性概念——种质连续性理论和关于染色体减速分裂及其合理性的预言，之后才使得孟德尔的分离现象具有更大意义。与此相仿，由自然选择学说所解释的现象早在达尔文以前就是人们所熟知的，但并不被了解，直到引进种群含有独特个体的概念后自然选择才具有强大的说服力。种群思想和地理变异的概念连同隔离概念依次成为地理性物种形成学说发展的先决条件。对生殖隔离是物种形成过程中的关键组成部分的认识直到隔离机制这一概念得到澄清后才完成。只要把地理障碍仍然包含在隔离机制之中（Dobzhansky），隔离机制的真正作用就没有被理解。

可见，生物学概念是生物学形成与发展的基石。

那么，什么是生物学概念呢？

生物学概念是在众多的生物学事实的基础上归纳、推理出来的结论，是人类思维活动的结果，是抽象的，是主观的反映。广义的生物学概念包括一些原理、规律、理论等知识。

从上述生物学科知识的基本结构模型中可以看出，生物学科知识的基本结构的最底层是生物学事实。生物学事实是多种多样、层出不穷的，是建立生物学概念的基础。生物学概念及概念之间的经纬交织的相互联系构成了生物学科的基本结构。

在生物教学中，面对纷繁的不断发展的世界，以及层出不穷的各种各样的生物事实和生物现象，如果我们陷在具体的生物学事实和表象性的认识上，教学侧重于学习和记忆数据、术语等，学生只知道一些名词、术语等零散的知识，所形成的知识结构只能是以知识点堆栈为主的网格式的知识结构，使得学生的迁移能力较差，创新能力和解决实际问题的能力不强。因此，我们要了解生物学事实是帮助学生形成正确的生物学概念的前提。教师的教学活动，不仅仅是让学生记住一些生物学事实，更重要的是让学生通过事实抽提出生物学本质的东西，建立正确的生物学概念，进而在学生的头脑中建构出合理的概念体系，并能利用这个体系解决实际问题。

核心概念是学科最核心的概念性知识，是反映学科本质的概念，它们相互组合构成了学科基本结构的骨架，而且它们的组合能够反映生物科学的基本面貌。这样的概念可以统摄学科的一般概念，可以揭示一般概念之间的联系，具有统整学科知识的功能。对生物学核心概念的掌握程度反映了一个人的生物学素养。

新课程改革的一个核心是要提高学生作为公民的科学素养。提高科学素养不仅是追求对科学事实和信息量的更多占有，而是要求对核心概念和科学思想的深刻领悟。因此，学生能否牢固地、准确地建立起反映生物学思想的基本的生物学核心概念体系，应当是中学生物学教学的主要目标。

生物学科观念位于生物学知识基本结构模型中的最上层，它统摄着生物学的核心概念。以学科观念为统摄，概念与概念之间的关系被暴露出来，这样学生的知识结构就是有层次、有联系的知识结构，具有迁移价值。

（二）什么是生物学学科观念

要明确这个问题，还需要从什么是观念说起。

1. 关于观念及观念的形成

观念不同于概念，概念是人类在认识过程中，把所感觉到的事物的共同特点抽象出来，加以概括，就成为概念。例如，显微镜发明以后，德国的科学家施莱登根据自己的观察，论证了所有的植物体都是由细胞组成的。接着，德国的动物学家施旺根据自己的独立观察，认为动物也是由细胞组成的。1809 年拉马克认识到所有的生物体均有细胞结构。在此基础上，多位科学家继续对细胞的结构和功能进行研究，建立了"细胞"的概念："细胞是生物体结构和功能的基本单位。"这个概念揭示了生物体产生、成长和结构的秘密，即不同的生物体尽管形态各异，但根本属性上具有统一性，都是由细胞构成的。可见概念反映的是事物的属性或者事物之间的关系。

观念要比概念复杂丰富得多，"观念"一词来自希腊文，原意是

"看得见的"形象。在现代汉语词典里，它有两个含义，一是意识形态，二是客观事物在人脑中留下的概括的形象（有时指表象）。可见观念这个哲学术语有着丰富的内涵。它同物质相对应，是人类支配行为的主观意识。

观念是怎样形成的呢？

观念的形成是伴随着人类的发展而形成的。最初的观念印象从动物时代就有了。因为动物也存在认知能力，不过这种认知能力与其进化的高低级成正比。越是高级的动物其认知能力就越强，也就是说它对事物的识别较为清晰。虽然它本身的概念意识还不强，但它已存在较为简单的观念。包括非洲鳄鱼和四川的猴子，以及森林中动物对老虎或者首领的惧怕和不可违抗，这些都表现了一种最原始的观念性基础。由此可见，从生物进化的角度讲，观念与所处的客观环境密切相关，是大脑对客观环境的反映。

观念随着人类的发展在不断地发展和进步着。它依赖于人类认知领域的不断扩大，也在更新或更加丰富着概念的组成部分。因为存在了一些新生事物，也就是以前不被人类所认识的事物的存在，使得人类在不断扩大的科技领域对这些事物本身由于定义和概念的模糊而感到费力，而此时也只能给这些事物以更为确切的定义和概念了。

因此，人类的观念，不是一成不变的，它不但依赖于人类的认知能力，而且由概念的不断更新促进观念的改变。人类在几个世纪以来一直抱着好奇之心开拓着人类以外的空间领域，就是想让人类对世界在认识上更为准确，力图还原世界本身面貌。

特别要强调的是，人类的行为都是受行为执行者的观念支配的，观念正确与否直接影响到行为的结果。这正是观念之所以重要的原因所在。

2. 关于生物学学科观念

以上对观念及观念形成的论述是为了更好地理解"学科观念"。

学科观念，首先是扎根于学科的。任何一个学科都具有自己独特的研究方法和知识体系，学科观念的形成是在对具体的学科知识、技能和方法的学习与实践活动过程中，通过内化、升华而逐渐形成、发展起来的。因此，学科观念不是指具体的学科知识，而是指人们站在现代学科知识的基础上，通过学习和研究学科概念、原理、规律而建立起来的概括性认识。例如，通过对细胞概念的研究和对生物体结构的研究，人们揭示了生物体结构的统一性；通过对生物体结构与功能的研究，人们认识到了生物体的结构是与其功能相适应的；通过对生物及其生存环境的研究，人们发现生物与其生活环境相适应。

可见，这些观念性的认识不等同于学科的概念、原理和规律，它立足于学科的具体事实、概念、原理、规律，但是，又远远高于一般的学科知识和学科技能，是在此基础上升华和提炼的思想性认识。

学科观念，是"可迁移"的认识。美国课程专家艾里克森将学科观念表述为对学科的深层理解力，即以事实为工具，形成超越事实的、蕴涵学科思想的概括性的认识。这种认识能使思维形成随时间、跨文化进行知识迁移。在"知识爆炸"的今天，这一点尤为重要。人们在有限的时间和精力中，不可能学习到所有的知识，但借助学科观念的指导作用，可以解决这些未知的问题。这种关系可以简单地用图1-2来表示。

在研究兔子、马、猫、老虎等动物身体结构、形态特征、生活习性等的过程中，建立了动物食性、器官、系统、栖息地等概念。通过对这些概念之间的关系进行深层思考和研究，形成了"动物器官的结构与其生活习性相适应"这一观念性认识。通过对植物及微生物等其他生物的研究，同样可以形成这样的观念性认识。这个观念性认识隶属于学科视野的"生命的统一观"。

可见，学科观念的形成是在对具体的学科知识、技能和方法的学习与实践活动过程中，通过内化、升华而逐渐形成、发展起来的。低年级的学生在观察现象、学习简单的事实基础上形成一些低层次的观念性认识，高年级的学生对生物事实的认识更加深刻，能透过现象抓住事物的本质特征，从而可形成较高层次的学科观念性认识。在这样的循环学习过程中，对客观世界的认识越来越丰富，同时逐步建立起对整个学科的

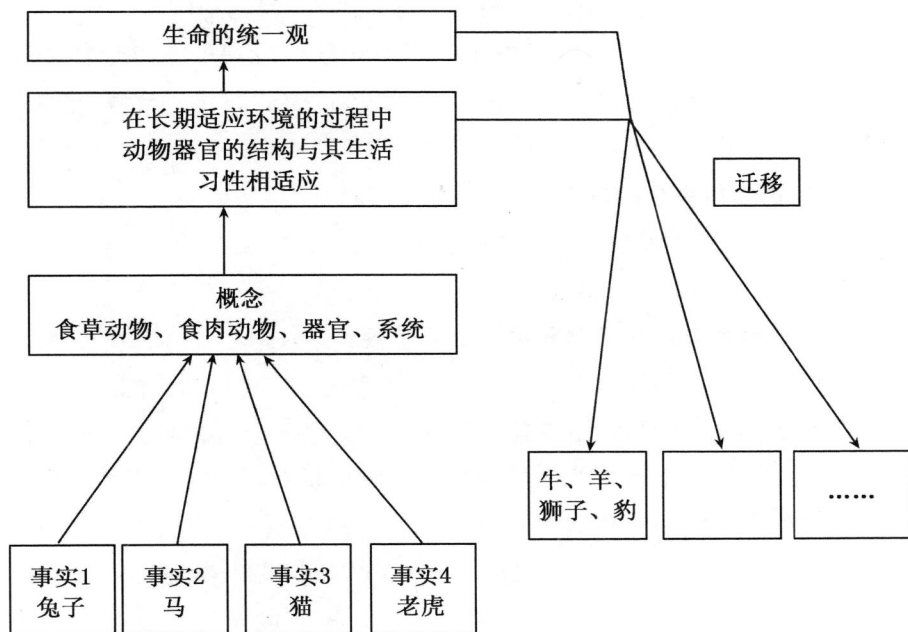

图 1-2　观念的形成及其迁移功能

观点、态度，最终上升为学科视野下的学科观念。

无论是低层次的观念性认识，还是学科视野下的学科观念，都具有知识迁移功能。例如，在图 1-2 中，建立了"动物器官的结构与其生活习性相适应"这一观念性认识或"生命的统一观"后，就可以解释其他动物的器官结构与其生存环境的关系了，即所谓"回归事实本身"。

学科观念，是哲学层面上的学科思想。学科观念是对学科的研究对象或者说研究范畴的思考的产物，这种思考上升到哲学层次，即集世界观、价值观、方法论于一体，形成了哲学层次上的学科思想方法。因此，学科观念具有普适性，能统摄学科中的基本概念和原理。由于学科观念是哲学上的学科思想，因此，它对学科研究及相应的与学科相关的人类活动具有指导作用。

通过以上分析可以得出以下结论：其一，学科观念一定是扎根于学科的、是在对学科深层理解的基础上抽象概括的产物；其二，学科观念是以事实为工具，形成的超越事实的、蕴涵学科思想的、可迁移的认识；其三，学科观念是哲学层面的学科思想，因此它不同于学科的概念、方法和技术，具有统摄学科的功能。

3. 建构学科观念的意义

学科观念在学科中具有非常重要的意义，主要体现在以下几个方面。

（1）学科观念反映了学科的核心价值观

学科的核心价值观表现在对学科知识及学科方法、技术的整体认识，这种认识会对学科的研究起指导作用。学科观念内含学科的核心价值观，因此可以直接转化为学科的指导思想和原则。例如，用系统的观点来看待生命与生命现象（生物学科的核心价值观），即生物学科的系统观，它指导人们在研究和认识生命现象时，无论在生理、发育、遗传、进化、生态、行为等方面，都要从系统的角度出发。生命系统是生命活动的整体表现。生命系统的重要特征是稳态（流动的平衡，不是封闭系统中的真平衡）、自主和自组织性，处处表现出有机体的自我调整。

由此可见，学科观念可以直接转化为学科的指导思想和原则，并且规范了有关的学科方法、技术，并催生出新的概念、方法、技术。

（2）学科观念统整了学科内容

由于学科观念是对学科事实、概念、原理等基础知识的凝练，因此可以揭示学科知识的本质和它们之间的内在联系，能够将学科中不同分支的信息片段融入广阔的、有逻辑内聚力的结构中，在这样的结构中，信息片段的关系被凸显出来。这种关系可用图 1-3 表示。

```
                    ┌──────────┐
                    │  哲学思想  │
                    └────┬─────┘
                         │
                    ┌────┴─────┐
                    │  学科观念  │
                    └────┬─────┘
                         │
           ┌─────────────┴──────────────┐
    ┌──────┴────────────┐      ┌─────────┴──────────┐
    │ 学科概念、原理、规律 │◄────►│ 学科概念、原理、规律 │
    └──────┬────────────┘      └─────────┬──────────┘
           │                             │
     ┌─────┴──┬────────┐        ┌────────┴──┬────────┐
 ┌───┴──┐ ┌──┴───┐           ┌──┴───┐    ┌──┴───┐
 │学科事实│ │学科事实│           │学科事实│    │学科事实│
 └──────┘ └──────┘           └──────┘    └──────┘
```

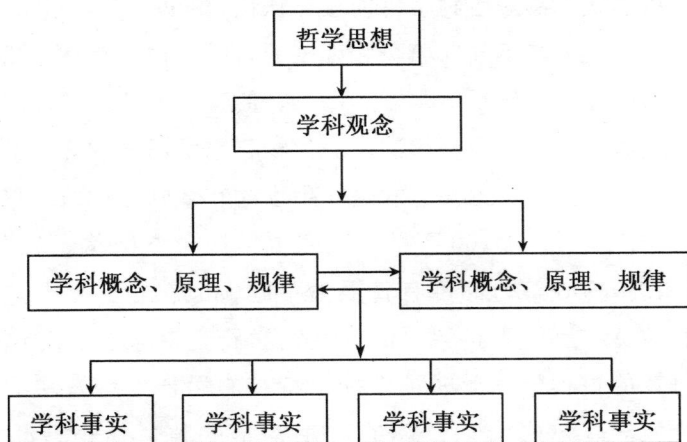

图 1-3　学科观念与学科知识的关系

(3) 学科观念体现了学科的哲学思想

学科观念是哲学层面上的学科知识的概括。他不仅对本学科研究具有重要意义，同时也在丰富着人类共同的哲学思想宝库。例如，哲学思想中的系统论，是一门运用逻辑和数学方法研究一般系统运动规律的理论。它的创立者是一位奥地利生物学家、心理学家贝塔朗菲（Ludwig Von Beriatanffy，1901—1972）。20 世纪 20 年代，他提出生命是一个开放系统，是在同环境进行物质交换的过程中呈现输入和输出，自身物质组分的组建和破坏才能存在和发展的系统。他说："生命的形式不是存在着，而是发生着，它是通过有机体同时又是组成有机体的物质和能量的永恒流动的表现形式。"

4. 生物学学科观念的基本特征

生物学是研究自然界中各种生命现象及其规律的学科。在长期的以自然界中的生命为研究对象，以生命现象及其活动规律为研究范畴的研究过程中，逐步形成了独特的观察生物问题的视角和研究生物问题的思维方式和方法，形成了生物学观念，其基本特征可以概括为以下几个方面。

（1）生物学观念是对生物学科的整体认识

任何一门学科都离不开对事物和现象的过细描述和具体分析，学科观念是在全面把握学科的具体事实、概念、原理、方法、技能的基础上的一种深层理解，进而形成整体认识。生物和它所居住的环境共同组成生物圈，在这个圈层中，生存着的已知生物约有 200 万种，如果加上已经灭绝的生物，至少有 1 700 万种。这些生物在形态结构、生活习性、营养方式、繁殖方式等方面都有着很大不同，但它们都有一些共同之处，使它们截然有别于无机界，成为生物学研究对象。在对这些研究对象进行研究的过程中，形成了生物学特有的学科思想方法，它是集世界观、价值观、方法论于一体的对生物学的整体认识，即生物学观念。

提炼生物学观念不是一件容易的事，它要求能够超越事实、站在学科视野进行思维。例如，人类对生命现象的认识，是由整体到部分、由宏观到微观、由个体到群体、由现象到本质的过程。人们对生命认识的深入，表现为对生命的多层次研究。首先，组成生物体的各种化学成分在体内不是随机堆砌的，而是严整有序的。各种生物中的生物分子都有相同的结构模式和功能，它们相互组合形成一个有序的系统——生命系统。其次，生命系统这个多层次结构中的基本单位是细胞，在细胞之上还有组织、器官、系统、个体、种群、群落、生态系统等层次。每一个层次中的各个结构单元，如个体中的各系统、系统中的各器官、器官中的各种组织，都有它们各自特定的结构和功能，它们的协调活动构成了复杂的生命系统。

通过对生命体、生命个体组成成分及生物与生物之间关系的研究，认识到"生命体有一定的结构层次"。并在此基础上形成了生命结构的层次观。从学科角度看，正是由于生命结构的多层次性，才使得自然界的生命如此复杂、如此多样（见图 1-4）。

生物圈	地球表层中的全部生物和适于生物生存的范围，它包括岩石圈上层、水圈的全部和大气圈下层
生态系统	在一定的空间内，生物成分和非生物成分通过物质循环和能量流动而互相作用、互相依存所构成的一个生态学功能单位，如一个池塘、一块农田等
群落	由很多种类的生物种群所组成的一个生态功能单位，如一个池塘中的所有生物
种群	占有一定空间和时间的同一物种个体的集合体，如黑腹果蝇种群、北极旅鼠种群等
多细胞生物	由多个细胞组成的生命体，如动物、植物等
器官	由几种不同的组织按照一定的次序结合在一起构成具有一定形态与功能的结构，如动物的心脏、植物的叶等
组织	结构相似、功能相同的细胞组合在一起构成了组织，如上皮组织、结缔组织、叶肉细胞等
细胞	由细胞膜、细胞质、细胞核构成的生命体的基本结构和功能单位，如红细胞、白细胞、叶肉细胞等

单细胞生物

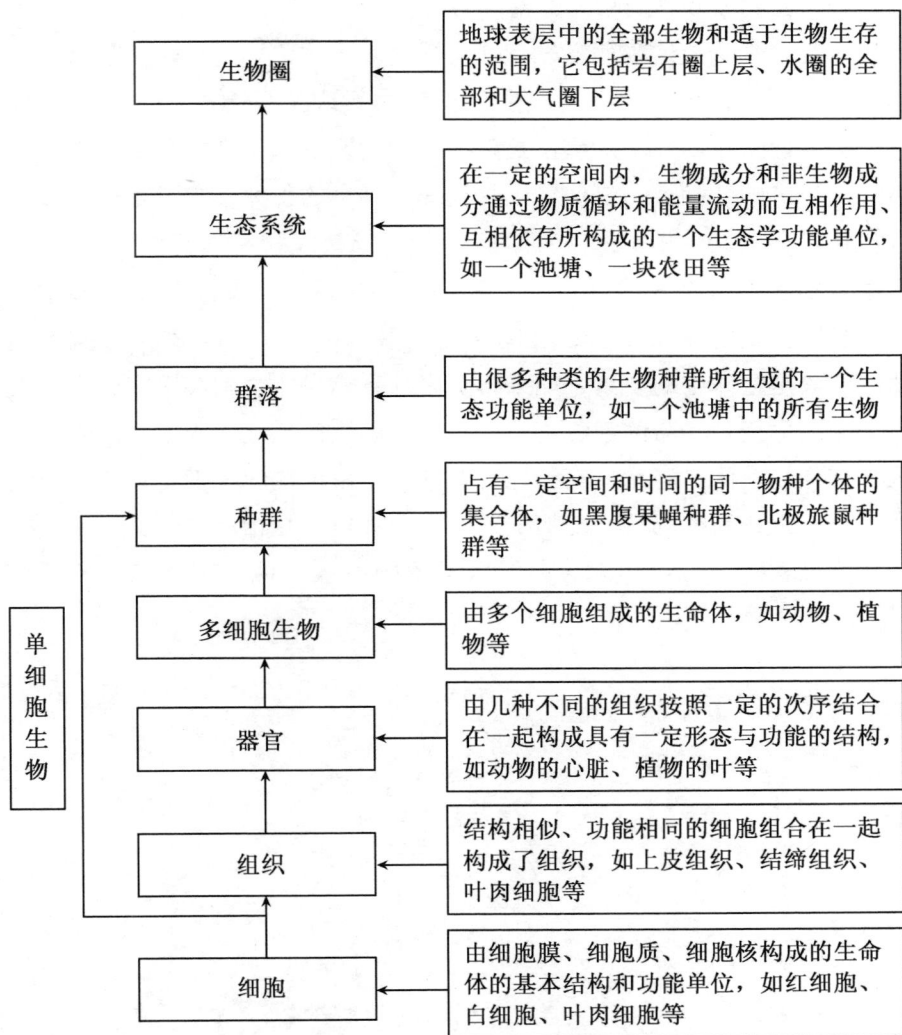

图 1-4　生命系统的结构层次

　　可见，从生命的层次观角度来看，生命系统是依存于一定环境条件、能够自我调节维持自身稳态并与环境相适应的系统。将生物的个体和群体看做不同层次的生命系统，它们都在与外界环境的相互作用中，通过信息的传递，进行自身的调节来达到维持稳态的目的。

（2）生物学观念与哲学思想相呼应

生物学观念是对生物学知识在哲学层面上的概括，反映了学科的哲学思想。例如，生命的系统观是与哲学的系统论思想相呼应的。整体性、关联性、目的性、动态性是系统论的主要观点，其核心是系统的整体性。贝塔朗菲强调，任何系统都是一个有机的整体，它不是各个部分的机械组合或简单相加即所谓"整体大于部分之和"。同时他认为，系统中各要素不是孤立地存在着，每个要素在系统中都处于一定的位置上，起着特定的作用。要素之间相互关联，构成了一个不可分割的整体。要素是整体中的要素，如果将要素从系统整体中割离出来，它将失去要素的作用。生命的系统观强调生命的系统性，任何水平上的生命形式（细胞、个体、群体）都是一个系统，生命系统的要素是物质、能量和信息。生命系统的特征与系统论的主要观点一脉相承。

李晶教授认为科学观念与哲学思想的关系呈现"宝塔形"的结构（见图 1-5）。

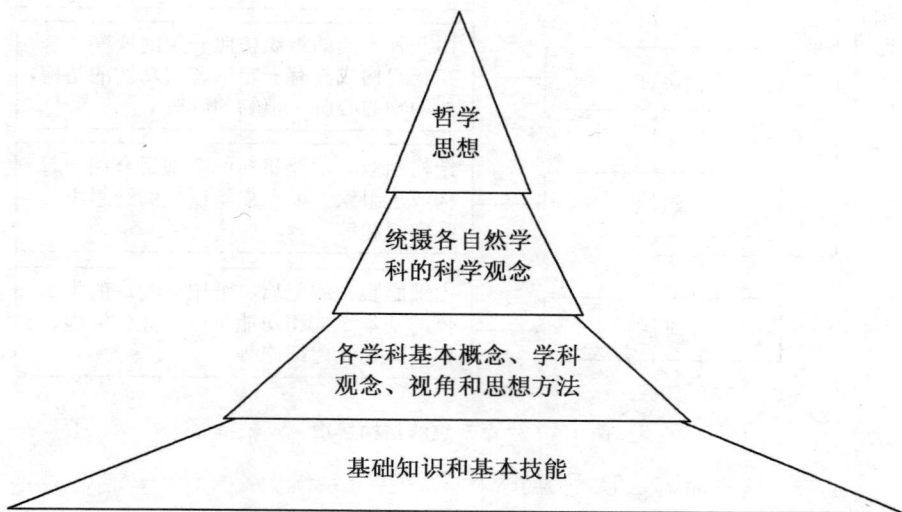

图 1-5 跨学科的科学观念与哲学思想的关系示意图

把上述跨学科的科学观念与哲学思想的关系移植到生物学科，并进行学科化，就可以表示为图 1-6 所示的"宝塔形"结构。

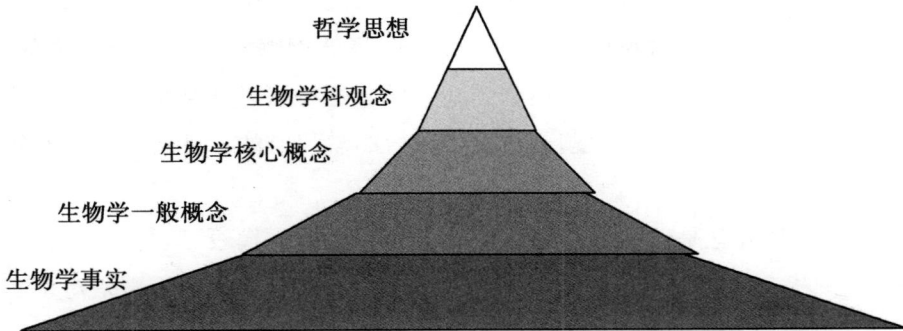

图 1-6　生物学科观念与哲学思想的关系

如图 1-6 所示，从生物学事实及生物学一般概念，再到基于学科本质特点的生物学核心概念及生物学科观念，进而上升到哲学思想的发展脉络反映了人们认识世界的知识结构层次。"宝塔形"知识结构的层级关系可以形象地表现知识水平的层次关系和数量关系：知识结构的塔级越高，知识的统摄性越高、越上位。知识的层次越高、越上位，数量越少，越能够培养学生进行高水平及综合的思维能力。"宝塔形"的知识结构能为思考与其相关联的、新的思想提供一个概念结构，反映了一个人占有知识层次的完备性和结构性。

（3）生物学观念可以统摄思维

生物学观念的提炼需要按照知识的内在联系和规律性，将零散的知识整体化、条理化，建构起脉络清晰、条理分明、相互之间有机联系的体系。这样一个具有逻辑内聚力的体系在建构过程中需要整体思维的把握。

中学生正处于思维发展或走向成熟的关键性阶段，实施学科观念的熏陶和教育，可以充分发挥学生的主体作用，使学生在学习生物学知识的过程中追踪生物思维的轨迹，有利于他们掌握正确的思想方法，从而促进学生的发展。

（4）生物学观念具有知识迁移功能

生物学观念不是指具体的生物学知识，而是指人们站在现代生物学知识的基础上，通过学习和研究生物学概念、原理、规律而建立起来的概括性认识。生物学观念的形成是在对具体的生物学知识、技能和方法的学习与实践活动过程中，通过内化、升华而逐渐形成、发展起来的。对于学科观念的理解可以迁移到其他领域，这样可以学会整体地、联系地、发展地、本质地看问题。掌握了有效的学习方法，就会成为很有智慧的人。

生物学观念是对生物学事实、概念等的凝练，代表了学科的内在逻辑体系的知识结构，有利于学生的知识迁移。学生的学习不再是对事实知识的死记硬背，而成为使学生受用终身的有价值的知识，这样的知识不会随时间的流逝而遗忘。布鲁纳曾指出："习得的知识，如果没有完满的结构把它联在一起，那是一种多半会被遗忘的知识。一串不连贯的论据在记忆中仅有短促得可怜的寿命。"

由于学科观念不以掌握具体事实为宗旨，而以掌握从事实中归纳的概括性认识为目的，是在全面把握学科知识基础上对知识内容的一种深层理解，能够促进概念性思维和超越事实的教学。因为生物学科观念是对生物学事实、一般概念、核心概念的进一步概括、提炼、升华而形成的一定意义上的哲学层面的理性认识，它直接支配着生物实践活动，统摄着分析、解决生物问题的思维指向，为人们提供了观察生物学问题的视角，塑造着人们的生物学思维方式。因此，生物学观念能够使学生形成可迁移的生物学思想方法，具有知识、技能和方法上的迁移价值。

人类的哲学宝库是生物学观念形成的基础，而生物学观念作为学科的哲学思想体现着也丰富着人类共同的哲学思想宝库。

下面以高中生物课程标准中，必修模块 3 "稳态与环境"的内容为例，说明学科基本结构与学科观念的关系。

高中生物"稳态与环境"模块的学科观念是"生命的系统观"，该模块内在逻辑体系可以表述如下。

"稳态"、"信息传递"、"反馈调节"、"环境"是反映本模块学科内容本体的核心概念。生命是一个开放的系统，这个开放的系统在生命活动中不断地与它所处的外部环境有物质、能量和信息的交流，通过信息的传递和反馈调节，这个系统维持着自身的稳态。这个系统的层次性表现在多个方面，细胞是一个基本的结构和功能单位，其上有组织、器官、系统、个体、种群、群落、生态系统和生物圈。每一层次都可以成为独立的生命系统，都存在着稳态，都发生着与环境的交流，都发生着信息的传递和反馈调节。同时，这一层次和那一层次之间的关系又不可忽略。由此，揭示了生命系统中尺度、结构与功能之间有着必然的内在联系，生命系统在不同尺度下存在着不同层次的结构，尺度与结构决定生命系统的功能。这不仅反映了人们认识事物的发展规律，也拓展了人们研究事物本质的视野。

建立微观与宏观的联系是本模块的一个思维方式。它不仅体现了认识稳态的多种角度，还建立起了宏观与微观这两种认识方式的联系，这不仅有利于本模块内容的学习，还将为以后的学习奠定基础。另外，学生在初中阶段初步学习过生物与环境关系的知识，在这个基础上，教师引导学生用系统分析的方法分析：无论植物、动物、人体还是种群、群落乃至生态系统，任何一个生命系统时刻处于动态变化中，通过信息的传递，生命系统感受内外环境的变化，通过调节做出应答性反应，从而维持自身的稳态。这是贯穿本模块知识结构的主线。本模块的教学始终贯穿这样的主线，有利于学生把握该模块知识之间的本质联系，有利于学生建立整体性的认识，进而形成"生命的系统观"这样的学科观念。

对该模块在学科观念教学上的进一步分析如下。

（1）以生命的系统观统摄整个模块的内容

"稳态与环境"模块的内容包括植物的激素调节、动物生命活动的调节、人体的内环境与稳态、种群与群落、生态系统、生态环境的保护六部分。前三部分是关于个体水平稳态的维持，后三部分是关于群体水平稳态的维持。无论个体水平还是群体水平，所有的生命系统在不断变化的环境条件下，都要依靠反馈调节机制维持其稳态，这是系统的思想。因此，以"生命的系统观"统摄整个模块的内容，有利于学生对生命活动本质的理解。

（2）以两大核心事件为贯穿模块内容的主线

稳态的维持依赖于反馈调节，产生反馈调节的基础是信息的传递。

因此，任何一个水平稳态的维持都是依靠两大核心事件——信息的传递和生命活动的反馈调节，相互作用的结果（见图1-7）。以信息的传递和反馈调节作为贯穿整个模块的两大核心事件，有利于学生理解本模块知识之间的内在联系，有利于学生以"信息传递"和"反馈调节"为主线来整体认识本模块。

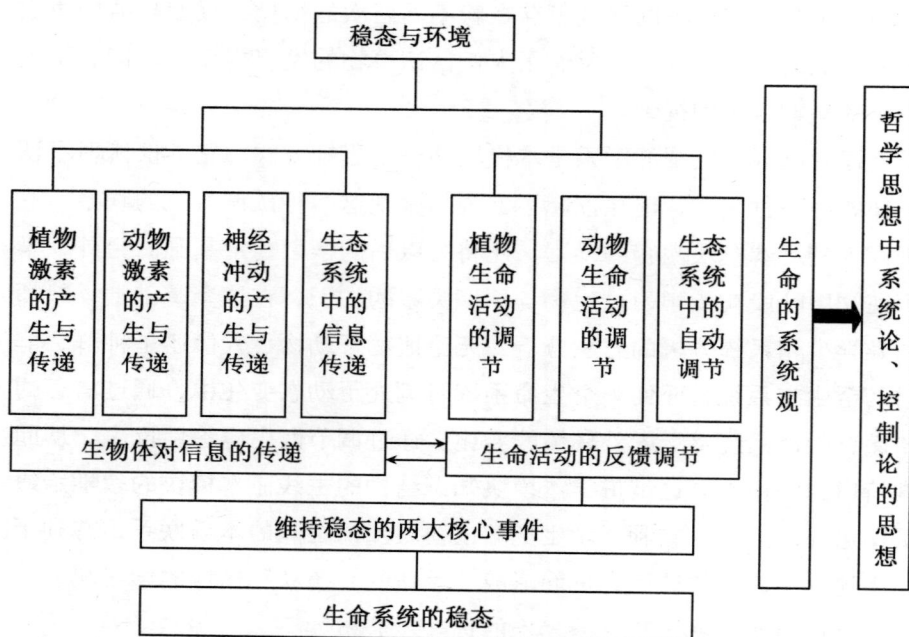

图 1-7 "稳态与环境"模块的知识逻辑体系

（3）模块教学价值的整体体现

依据新课程理念，模块教学应突出培养学生的学科观念与科学思维方法。"稳态"不仅是学生学习生物学的一个核心内容，也是生命科学的一个重要的思想观念。学生学习本模块，不仅仅是获得知识与技能的提高，更重要的是稳态观的形成。"稳态与环境"模块的教学价值具体体现在以下几个方面。

①丰富对生物学的理解和认识。生物学是研究生命现象和生命活动规律的科学。生命活动是物质、能量、信息三位一体的运动和变化。在

我国的中学生物学课程中，初中阶段侧重于让学生了解生命现象，高中阶段侧重于让学生理解生命活动的本质和规律。在高中新课程的三个必修模块中，"分子与细胞"模块侧重于对生命的物质基础和结构基础的认识；"遗传和进化"模块侧重于对生命延续的认识；本模块则侧重于对生命系统自我调控的认识。生命系统是开放系统，它们与外界环境之间不断进行着物质交流、能量转换和信息传递，这就决定了生命系统时刻处于动态变化过程中。无论是个体水平还是群体水平，这种动态变化必须在一定范围内进行，否则系统就会崩溃。也就是说，稳态是生命系统能够独立存在的必要条件。稳态的维持靠的是生命系统内部的自动调节机制。本模块中关于这种调节机制，在个体水平上主要阐述动物体和植物体的生命活动的调节，在群体水平上主要阐述生态系统的自动调节。可见，就理解生命活动的本质和规律来说，本模块具有其他模块不可取代的价值，有利于丰富学生对生物学的理解和认识。

②学习系统分析、建立模型、取样调查等科学方法。系统分析包括定性分析和定量分析，高中生物学教育一般只能做定性分析。为了使学生能够运用系统分析的方法进行学习，课标中列举了"探讨人口增长对生态环境的影响"、"阐明生态系统的稳定性"等内容，借助于这些内容要教会学生用系统分析的方法来分析问题。在科学探究中经常使用的两种逻辑方法——模型方法（建立物理模型和数学模型）和数学方法（取样调查），在本模块中都有很好的载体（如设计并制作生态瓶——物理模型、尝试建立数学模型解释种群的数量变动等），应引导学生运用这些科学方法进行该模块的学习。

③了解生物学在生活和生产中的应用。本模块对于学生了解生物学在生活和生产中的应用十分重要。一是关注生物科学的发展与社会的关系，如"评述植物激素的应用价值"、"关注艾滋病的流行和预防"；二是形成环境保护意识，树立人与自然和谐发展的观念，如"关注全球性生态环境问题"、"形成环境保护需要从我做起的意识"。

对该模块基于"学科观念"的教学策略的分析如下。

模块教学以一个"模块"为相对独立的教学单位，强调从模块整体出发设计教学，突出教学目标、内容和过程的整体性、联系性和发展性。这为观念的建构提供了基础。

基于对模块教学的认识和上述对"稳态与环境"的理解，从学生思维发展、方法的学习出发，并结合具体事例和学生实际来构建本模块教学的基本策略。

（1）在已有知识经验的基础上形成对模块的整体性认识

根据《普通高中生物课程标准（实验）》"理解生命系统的稳态，认识生命系统结构和功能的完整性"的要求，笔者认为，对于"稳态与环境"模块就是要以稳态的视角，认识生命系统是依存于一定环境条件、能够自我调节维持自身稳态并与环境相适应的系统。将生物的个体和群体看做不同层次的生命系统，它们都在与外界环境的相互作用中，通过信息的传递，进行自身的调节来达到维持稳态的目的（见图1-8）。这是本模块内容教学的关键之一，也是做好初高中知识衔接的一个有效的着力点。

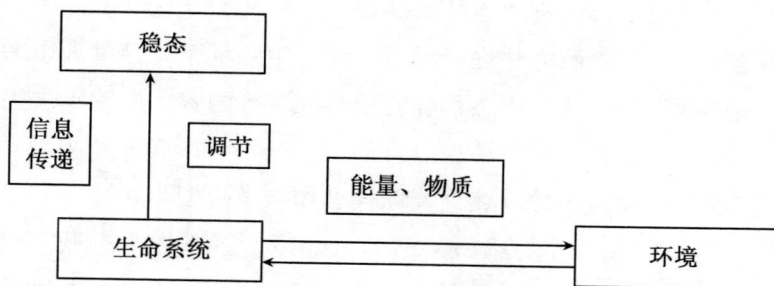

图 1-8 "稳态与环境"的整体认识

（2）在本模块的学习中领悟系统分析、建立模型、取样调查等科学方法的实质

科学方法是科学素养的一个重要方面。新课程理念下的生物教育应该重视科学方法的学习。但是，切忌将方法论当做知识来讲授，应当让学生在活动中领悟科学方法的实质。在教学中有两个层面的建议。一是用好教材中的"活动"、"实验"等栏目，使学生在亲身实践的过程中感受、领悟、理解这些科学方法。如"探讨人口增长对生态环境的影响"，这个活动让学生得出结论并不难，但其关键是让学生运用系统分析的方法来研究这个问题，从而领悟怎样对问题进行定性的系统分析。二是挖掘教材中有关内容的教学价值，引导学生运用科学方法对具体的内容进行学习。以人教版教材中的练习为例，为什么说"内环境的稳态是人体进行正常生命活动的必要条件"？这其中的关键点：第一，细胞是生物体基本的结构和功能单位；第二，细胞直接生存的液体环境叫做内环境；第三，内环境稳态的维持是细胞维持正常生命活动的基础。分析和挖掘这个习题蕴涵的科学思维和方法，对教材进行有效的加工处理，可以引导学生运用系统分析的方法对具体的内容及前后关系进行学习，不仅有利于做好初高中知识的衔接，更为学生今后的学习提供学习思路。

(3) 在把握宏观与微观的联系中发展认识的多种角度

20 世纪 20 年代，奥地利生物学家、心理学家贝塔朗菲（Ludwig Von Beriatanffy，1901—1972）创立了一般系统论，指出"应把生物作为一个系统来研究"。系统具有"整体性"，就是说，不能把系统割裂成要素孤立地去研究，应该注意研究要素及要素间的相互作用与相互影响。系统还具有层次性，即从系统结构上看是分层的。系统的最重要特征是稳态。用一般系统论的观点来分析生命系统的稳态，有助于我们在把握宏观与微观的联系中从多个角度认识生命系统的稳态。

(4) 融合生物学与人文精神的价值观教育

生物学教育，应该融合人文精神，以全面、充分地体现学科的科学教育价值，这是新课程的明确要求。本模块中的诸多内容，如人与自然和谐发展、提高环境保护意识等都是融合人文精神的很好素材。教师应该在确立了科学的不断质疑、不断探究的特性时，将人文精神回归于其中。

第二章 生物教师学科知识结构的内涵

一、生物教师学科知识结构模型

教师的学科知识结构是指教师所具备的学科的各种知识之间的比例关系、关联程度、组合方式，以及由此形成的功能整体。我国学者赵学漱曾经用"球状结构"来描绘理科教师的学科知识结构，她认为教师的学科知识结构就如地球的内部结构，从外向内依次为：知识的外壳——事实性知识，是说明"是什么"；知识幔层——定律性知识，是说明"什么样"；知识内核——原理性知识，是说明"为什么"。这种球形结构形象地反映了教师学科知识体系内部存在的一种特殊关系。还有学者指出，教师的学科知识结构应包括五个层次：第一层次是基础性知识，主要指学科的基础知识；第二层次是技能性知识，主要指学科的基本技能；第三层次是实践性知识，主要指运用知识解决实际问题；第四层次是活动性知识，主要指教师开展课内外活动的知识；第五层次是创新能力培养性知识，主要围绕学生的创新能力的培养，教师应具备的关于学科心理品质、学科创新思维等方面的知识。

在参考诸多学者研究成果的基础上，笔者认为，从胜任目前的中学生物教学角度讲，中学生物教师应具备的学科知识结构应该是如图 2-1 所示的塔形结构。塔形结构具有良好的稳定性、发展性和开放性的特点，非常契合新课程理念下对教师知识结构的阐述。其包括三层：基础层、核心层和冠状层。基础层是指生物学科的基础知识、基础理论、基本实验技能，除此之外，还必须包括实践性和生活性的知识，否则，教师的学科知识与生活就将失去联系，学生最感兴趣的生活性知识就常在教学中被忽视，而且这种理性的极端化会让丰富的精神世界萎缩，使学生失去学习的兴趣。此层还应包括相关学科的知识。基础层反映的是中学生物教师学科知识宽广度，是生物教师进行一般性教学的基础。核心层是指生物学科特有的视角、思维方法及学科的核心概念。该层反映了生物教师对生物学科内在逻辑和生物学本质的理解，是中学生物教师进行优质教学的核心——帮助学生形成生物学特有的视角、思维方法，帮助学生建构生物学的核心概念。美国课程专家埃里克森（Erickson）指出，学科的核心概念居于学科中心，具有超越课堂之外的持久价值和迁移价值，这对学生创新能力的培养至关重要。因此该层是中学生物教师学科知识结构的主干部分。冠状层是指生物学科的学科观念及学科哲学。该层不是具体的学科知识，而是立足于学科的具体事实、概念、原理、规律，但是又远远高于一般的学科知识和学科技能，是在此基础上上升和提炼的思想性认识。该层反映了中学生物教师生物学知识的纵深度，该层不仅有助于教师讲清楚"是什么"，更有助于教师在宽广的视野下讲清楚"为什么"，培养学生分析问题、解决问题的能力。

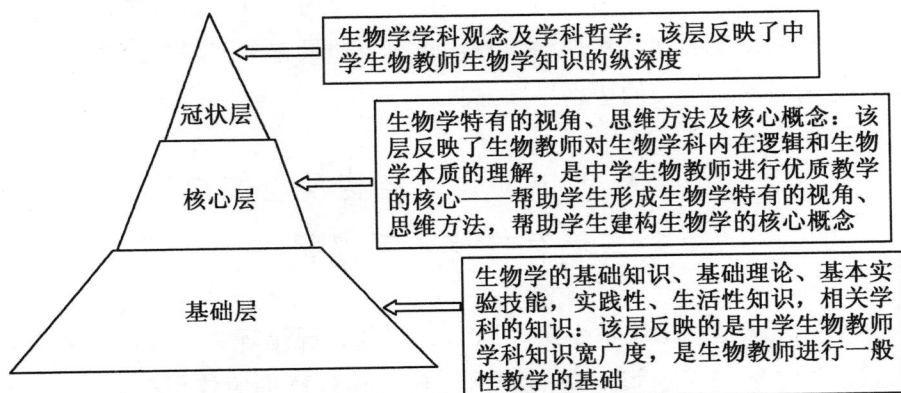

图 2-1　生物教师的学科知识结构

中学生物教师的学科知识结构直接影响到学生的知识结构，进而影响到创新型人才的培养，因此中学生物教师应该具有合理的学科知识结构。中学生物教师的合理学科知识结构具有如下特点。

①知识全面。专与博相统一，不仅要有扎实的学科基础知识，还要有广博的知识面，见多才能识广，才有利于把握知识的内在联系和必然规律，才能拓展思维，富于联想，可充分发挥创造性，从不同的角度启迪学生思维。

②比例协调。在教师的知识结构中，上述三层配置适当，各要素比例协调。对基础层的知识要精于一点，通于一线，要广泛涉猎。对核心层的知识要达到精准和专深的程度，要及时更新。对冠状层的知识要努力获取，积极内化。

③相互联系性。中学生物教师的学科知识结构既有层次间的纵向相关，也有各组成要素间的横向相关。它们之间相互沟通、渗透和支撑，容易形成一个相互联系的整体功能的最优，其转换运用灵活性好。

④动态可调节。中学生物教师的学科知识结构应具有开放性的特点，教师能够及时更新过时陈旧的知识，不断地吸纳新的知识，使自己的学科知识结构及时得到扩展和调整。

⑤具有创造性。现代心理学认为，合理的知识结构有利于同化原有知识、概念而形成新观点、新概念。教师合理的学科知识结构，不仅能够体现知识之间的联系和规律，而且能使教师具有对问题产生论断的力量，提出引发新知识的适当思维方法。

二、学科观念位于知识结构模型的顶端，其教育价值不可忽视

学科观念是对生物学事实、概念、原理、规律等学科知识的凝练，代表了生物学内在逻辑体系的知识结构。其教育价值体现在以下几个方面。

(1) 学科观念是组成科学素质的最高层次要素

随着课程改革的深入进行，对于"素质"的认识和分类也更全面更科学，其中素质分类的两维构造模式被广泛认同，这种观点认为：素质由横面的经验领域与纵面的心理操作领域两个层面交构而成，后者包括认知、情感、技能三个层面。在这里认知的方式、情感的形成、技能的获得都受到科学观念的间接支配，都是由特定观念作为学科背景形成并发展起来的。

(2) 学科观念统领着发明创造的过程

生物科学史表明：导致有所发明的"机遇"总是倾向于那种"有准备的头脑"，所谓有准备的头脑，就是指拥有学科观念的头脑，它总会激发起强烈的问题意识，促使有价值问题的被发现。相反，如果一个人没有学科观念，就会与机遇失之交臂。日本科学工作者古田由直也曾观察到细菌被霉菌"吞噬"的现象，而弗莱明就能突破"霉菌迅速繁衍，大量消耗养分，导致细菌消失"的原有认识，从而发现青霉素。著名遗传学家谈家桢教授为我国至今未能培养出诺贝尔奖得主而深感遗憾，他认为重要原因之一就是基础教育中忽视了对学生学科观念的培养。

(3) 学科观念是学以致用，解决问题的灵魂

传统教学侧重于学科事实性知识和原理、规律的死记硬背，教材成为知识的"压缩饼干"，学生成为知识的"容量瓶"，这造成了知识拥有量、知识应用性与知识能用性的巨大反差。究其原因，就是没有通过学科观念激发科学思维、诱导科学方法，从而出现了知识与实践之间难以逾越的鸿沟。沟通两者的桥梁就是培养学生的学科观念。

(4) 学科观念教育是提高学科教育水平的必由之路

现行中学生物教育的主要矛盾是生物学知识学习与知识应用环节相脱离，导致考分逐年攀升，能力有所下降。生物学教改就是要抓住学科观念教育这个突破口，从教材编写、教材处理、教学过程、教学策略等多个环节入手，加强教学的实践性、活动性、过程性，在科学发生、知识形成的过程中形成科学观念。

不难看出学科观念具有重要的教育价值，但是学科观念不是具体的学科知识，它是在现代学科知识的基础上建立起来的概括性认识。

那么，学科观念与课程标准中的内容主题及教材中的知识之间存在着什么样的关系？

下面以初中阶段生物学知识为例进行说明（见表 2-1）。

表 2-1 生物学观念和初中生物课程标准中的内容主题之间的关系

生物学观念	初中生物课程标准中的内容主题	人教版教材中的知识载体示例
生命自然界的层次观	生物体的结构层次	观察细胞的结构； 细胞怎样构成生物体
生物学中的相互作用：生命的统一观、生命的系统观	生物与环境； 生物圈中的绿色植物； 生物圈中的人； 动物的运动与行为； 健康生活； 生物技术	生物圈是所有生物的家； 绿色植物是生物圈中有机物的制造者； 人类活动对生物圈的影响； 各种环境中的动物； 动物在生物圈中的作用
生物的进化观	生物的多样性； 生物的生殖、发育与遗传	根据生物的特征进行分类； 生物的进化； 生物的生殖和发育； 生物的遗传和变异

从表 2-1 可以看出，初中生物课程标准的九个内容主题中，"生物体的结构层次"是学生学习生物学知识的基础，该主题向学生揭示了生命现象在不同尺度下存在着不同层次的结构，贯穿着"生命自然界的层次观"的思想。"生物与环境"、"生物圈中的绿色植物"、"生物圈中的人"、"动物的运动与行为"、"健康生活"、"生物技术"内容主题是从生物圈的高度，在"生物与环境之间的相互作用"大背景下，引导学生从局部到整体、从结构到功能认识生物与环境的关系、绿色植物、人、动物、微生物等。这六个内容主题之间由"生命的系统观"和"生命的统

一观"统合起来。"生物的多样性"主题强调生物多样性是生物进化的结果，这部分内容有助于学生形成生物进化的观点，贯穿着"生物的进化观"的思想。生物的生殖、发育与遗传是生命的基本特征，反映的是生命变化的形式。该内容主题贯穿着"生命活动和信息变换观"的思想。

下面对生物学科中主要生物学观念的形成分别进行分析和描述。

(1) 生命现象的结构层次（尺度与结构）

人类对生命现象的认识过程，是由整体到部分、由宏观到微观、由个体到群体、由现象到本质。人们对生命认识的深入，表现为对生命的多层次研究。

作为完整、统一的生命体，生物个体具有人们熟知的全部直观的生命特征，是人类进行生命研究的基础层次。除了原始的生物以外，地球上的所有生物体都具有机能结构的一致性，即都是由细胞构成的（病毒除外）。随着细胞的发现、深入观察和研究，人们了解到细胞是生命的结构基础，也是生命的最小功能单位。一群形态和构造相似、功能相同的细胞及其细胞间质，在生物体内按照一定规律结合在一起，组成各种"组织"。几种不同类型的组织，又按一定的结构联合形成具有一定形态特征和生理功能的器官，如胃、肠、心脏、脑、肾、肝、眼、耳等。几种器官协同工作再构成机能系统，如消化系统、血液循环系统、呼吸系统和神经系统等。因此，对生命现象的研究涉及"个体－系统－器官－组织－细胞"五个层次。

自然界中的生物个体尽管是以个体为单位存在的，但它们从来不是孤立的存在物，生物个体之间、生物个体与环境之间都有着不可分割的联系。因此，要充分而全面地认识生命，还需要从宏观角度去深入研究这种联系。这样，也就出现了"个体－种群－群落－生态系统－生物圈"等一系列宏观层次的生命研究体系。

自然界中生物体的统一性，不仅表现在它们都由细胞组成，还表现在不管其简单与复杂程度如何，生物体的主要组成成分都是蛋白质和核酸。生物分子是表现生命现象的又一个重要层次，许多研究结果告诉人们，生命的奥秘归根结底在于生物分子的微观世界。

引导学生学习这部分内容，可逐步建立起生命自然界的层次观。

①生命体有一定的结构层次。细胞是生物体结构和功能的基本单位。

②生命体的结构与它在自然界中的存在状态直接相联系，多细胞生物体依靠细胞、组织、器官之间的协调活动，表现出生命体的生命现象。

③生命现象在不同的尺度（宏观、微观）下，存在不同的结构，其研究方法也不同。

（2）生物学中系统与相互作用（系统与相互作用）

从无机界到有机界，从单细胞生物到整个生物圈，客观世界都是以系统的形式存在着和演化着。在生物学中，宏观上讲，生物圈是最大的生态系统，在这个系统中生物与环境之间、生物与生物之间存在着普遍的联系和多种形式的相互作用。生物体更是与外界环境有不断的物质、能量和信息交换的复杂的开放系统。从微观角度讲，生物分子间的相互作用力及其作用方式、电荷分布、能量传递、信息储存，构成了分子水平上的生命现象。因此"系统与相互作用"体现了生命是一个复杂的开放系统，是生物界最普遍的现象。

引导学生学习这部分内容，可逐步建立起生命系统的系统观。

①生命是一个系统，由许多执行不同功能的要素构成。

②作为系统的生命，其组成成分并非简单的堆积，而是彼此间有着广泛的相互作用。

③生命系统具有开放性，可以在过程中不断地与外界环境有物质、能量和信息的传递与交换。

④生命系统的重要特征是稳态。

（3）生命过程中的能量（能量）

自然界所发生的一切运动，都伴随着能量的变化，生命过程也不例外。有机体生活在一定的环境之中，它必须不断地从外界获得能量，才能维持生命和进行必要的生命过程，这是能量的吸收。把从外界所吸收的能量转变为适于在体内储存的能量形式，这是能量的储存。

在合适的条件下，被吸收的能量将在体内转移到需要能量来启动某种反应的部位，例如，蛋白质所吸收的光能往往可以在整个蛋白质中转移，使其最终效应常表现为某一个或几个化学键的断裂。这种过程是能量的转移。

被吸收或被转移的能量在生命过程中经常发生能量形式的变换，例如，肌肉收缩时，高能磷酸键的化学能转变为机械能而做功；光合作用中光能转变为化学能；视觉过程中光能转变为电能而产生视觉，这些都是能量的转化和利用。因此，在生命过程中，有机体以及具有生物学活性的大分子，对能量进行着吸收、储存、转移、转化和利用。

引导学生学习这部分内容，可逐步认识到生命过程中的能量的变化，建立起生物学的能量观。

①一切生命过程都伴随着能量的变化。

②生命过程中能量有不同的形式，且可以互相转化；如化学能与热能、电能等之间的相互转化。生命过程中的能量也是守恒的。

③生命体内能量的流动使其得以生存、繁衍。

（4）生命的演化（演化）

地球自 46 亿年前生成以后，就开始了生命的化学演化过程。至 38 亿年前原始生命形成，生命的演化进入另一阶段——细菌、蓝藻时期（藻类繁盛期）。5.7 亿年前生命大爆发，现今生存的各动物门类几乎都有了代表，生命的发展跨入又一阶段。历经藻类和无脊椎动物时代（距今 5.7 亿～4.38 亿年）、裸蕨植物和鱼类时代（距今 4.38 亿～3.65 亿年）、蕨类植物和两栖动物（距今 3.65 亿～2.45 亿年）、裸子植物和爬行动物（距今 2.45 亿～0.65 亿年）、被子植物和哺乳动物（距今 6500 万～160 万年）至人类时代（160 万年前至今）。说明生物是经过不断演化、繁衍、绝灭与复苏，才形成今天这一千姿百态、繁花似锦的生物界。

引导学生学习这部分内容，可逐步建立生物的进化观。

①生命是自然界长期进化的产物。

②达尔文生物进化论揭示了生物从简单到复杂、从单一到多样、从低级到高级的不可逆进化。

(5) 生命系统的稳定性（稳定性）

世界上一切事物都在变化中，又都具有相对的稳定性。稳定与不稳定是自然界一切事物所固有的性质，一切事物都是稳定与不稳定的辩证统一。一个系统要保持自身的平衡稳定，首先是系统自身各要素之间、系统和它所处的环境之间，通过相互关系而形成限制和约束。那么，稳定的机制是什么呢？维纳于 1948 年发表的《控制论》（又名《关于在动物和机器中控制和通讯的科学》）一书认为，一切有生命的系统与无生命（机械）的系统都是信息系统，一切有生命的系统与无生命的系统都是反馈系统。他认为负反馈就是系统稳定的机制，一个组织系统之所以能够受到干扰后能迅速排除偏差恢复恒定的能力，关键在于存在着"负反馈调节"机制。例如，在一个生态系统中，植食动物的数量，限制了肉食动物的数量，而肉食动物对草食动物的捕食反过来又影响植食动物的数量，从而避免了绿色植物被过度地掠食。这样，绿色植物、植食动物、肉食动物之间达到某种平衡，生态系统才能维持稳定。稳定绝不意味着不变和固定。稳定状态是一种动态平衡，称之为稳态。

引导学生学习这部分内容，可逐步认识到生命系统的稳态观。

①生物与生物之间、生物与无机环境之间通过复杂的相互作用形成了一个统一的整体——生命系统。

②生命系统能够通过反馈机制维持一种动态平衡状态。

(6) 生命的变化（变化的形式）

生命存在着各种各样的变化。从形式上看，有趋向性变化（必然朝着一定方向的变化），例如，一个生物个体出生——生长——发育——成熟——衰老——死亡；有循环变化（一定时间间隔进行的重复运动或再次发生的一系列现象），例如，草本植物的一岁一枯荣、某些动物的昼伏夜出、某些植物的日开夜合，海滩动物在潮汐周期中的定时产卵，以及食物链和食物网的循环等；有不规则变化（随机性变化），例如，染色体的变异、基因的突变等。

引导学生学习这部分内容，可逐步建立起生命活动和信息变换观。

①生物体处在不断的运动与变化之中，但只能从一种形式转化为另一种形式。

②生命变化的形式可分为三种：趋向性变化、循环变化、不规则变化。

③自然界一切变化遵循能量守恒定律。

生物学观念是从学习内容中提炼出来的重要的观念性原理。从生物学观念展开的知识内容，基本上就是学生学习的任务。因此，可以简单地说，生物学观念是生物学内容的"浓缩和提炼"。但是学科观念的建立需要依托学科的核心概念。学生通过围绕学科核心概念来学习生物学，来认识客观世界，发展认识能力，不断提高头脑中知识的系统性和概括性水平，才能真正领悟并形成生物学的主要观念。

三、学科特有的视角、方法与核心概念是结构模型的核心

需要特别强调的是，核心是帮助学生形成生物学特有的视角、思维方法，帮助学生建构生物学的核心概念。新课程改革的一个重要方面是要提高学生作为公民的科学素养。提高科学素养不是追求对科学事实和信息量的更多占有，而是要求对核心概念和科学思想的深刻领悟。因此，学生能否牢固地、准确地建立起反映生物学思想的基本的生物学核心概念体系，应当是中学生物教学的主要目标。对生物学核心概念的掌握程度反映了一个人的生物学素养。因为生物学核心概念是反映学科本质的、构成生物学科骨架的概念，它们的组合能够反映生物科学的基本面貌。

需要说明的是，核心概念不是一成不变的，有些概念对中学生来说是核心概念，对专家来说可能是一般概念；有些概念在某个层次上是核心概念，在更高一个层次上不是核心概念；而且由于概念的不断发展，

其内涵也会发生很大的变化。因此核心概念的界定是有层级的。对中学生物教师来说，立足于单元教学的层面进行核心概念的教学比较有实际价值。

例如，美国 FOSS（Full Option Science System）"观察小龙虾"教学单元（共 6 课时）的活动设计，如图 2-2 所示。

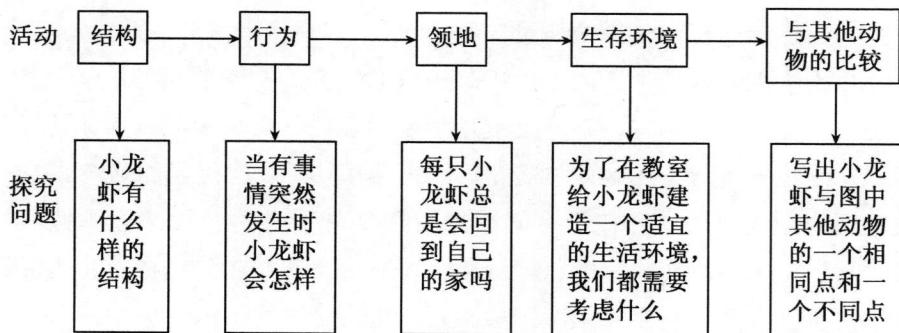

活动	结构	→	行为	→	领地	→	生存环境	→	与其他动物的比较

| 探究问题 | 小龙虾有什么样的结构 | 当有事情突然发生时小龙虾会怎样 | 每只小龙虾总是会回到自己的家吗 | 为了在教室给小龙虾建造一个适宜的生活环境，我们都需要考虑什么 | 写出小龙虾与图中其他动物的一个相同点和一个不同点 |

图 2-2　美国 FOSS "观察小龙虾"教学单元的活动设计

通过这样的活动，学生的思维经历了如下过程（见图 2-3）：

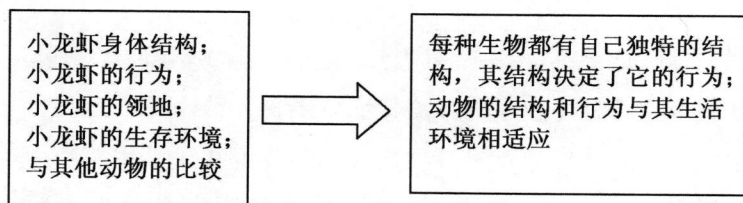

小龙虾身体结构；小龙虾的行为；小龙虾的领地；小龙虾的生存环境；与其他动物的比较	⟹	每种生物都有自己独特的结构，其结构决定了它的行为；动物的结构和行为与其生活环境相适应

图 2-3　学生思维过程

思维过程为由生物学事实 $\xrightarrow{\text{概括、抽象}}$ 本单元核心概念。

由此可见，核心概念的建构必须基于丰富的事实和材料的基础之上，然后运用综合的思维，掌握核心概念。

（一）进行生物学核心概念的教学的意义

第一，生物学核心概念有助于提升学生的科学素养。我们曾对北京市某中学进行生物学素养调查时，提出了三个问题："你知道血液的成分是什么吗？""你是怎么知道的？""知道血液的成分有什么意义？"多数学生对第一个问题的回答都正确；对第二个问题，多数学生回答，老师教的或书上写的；对第三个问题，2/3 的学生回答，对考试有用，1/6 的学生回答，对健康有用，其余学生没有作答。

这个回答引发了我们对新课程理念下培养学生生物学素养的进一步理解和深入思考。我们更多地关注"是什么"的生物学事实性知识，而对于知识是如何产生的，知识有什么用重视不够。

第二，生物学核心概念具有文件夹功能。如果我们能够成功地提炼教学单元的核心概念，并且将它们组合成能够反映生物科学基本面貌的核心概念体系，然后围绕该体系选择知识内容，淡化与该体系没有直接关系的知识，这样选择出来的较少量的知识，比课程中庞杂的知识体系具有更强的学科教育功能。

第三，生物学核心概念具有统摄思维功能。核心概念的提炼和梳理需要按照知识的内在联系和规律性，将零散的知识整体化、条理化，建构起脉络清晰、条理分明、相互之间有机联系的体系。这样一个具有逻辑内聚力的体系在建构过程中需要整体思维的把握。

第四，生物学核心概念具有很强的迁移教育功能。科学的其他领域同样存在着可以反映事物规律与联系的核心概念，对于学科核心概念的理解可以迁移到其他领域。

第五，生物学核心概念对未来学习有很好的支持功能。这样选择出来少而精的知识，能使学生形成简化的、实用的、本质的、对未来学习更有支持意义的、内在逻辑性较强的学科基础知识的结构。

（二）基于核心概念建构的生物学教学策略

1. 生物学核心概念的特征

核心概念不同于一般的科学概念，它可以统摄一般的概念，可以揭示学科知识的本质和学科知识之间的联系，具有统整学科知识的功能。因此生物学核心概念应该具有以下特征。

第一，生物学核心概念是构成学科基本框架的概念。例如，生物学是研究生命现象和生命活动规律的科学，而细胞是生命的结构基础，也是生命的最小功能单位。

第二，生物学核心概念是对今后学习起支持作用的概念。例如，受精是学习生殖和发育这个生命循环过程中的一个节点，是一个具有承上启下功能的核心概念。

第三，生物学核心概念是具有思维训练价值的概念。由于生物学核心概念是在许多一般概念的基础上加以分析、综合、比较、抽象、概括而成，实质上，它的形成过程需要综合的思维能力。

2. 以教学单元为基础进行核心概念教学

美国课程专家 H. Lynn Erickon 提出了"概念为本的课程与教学"。她认为，教学重心应该从讲授事实转移到"使用"事实，具体事实应该作为工具来帮助学生发展深层理解和有效转化知识的能力（理解力和迁移能力）；提高学业标准更多的是要求思维能力的提升，而不是掌握更多的事实材料。因此，课程内容应该围绕各学科的核心概念（居于学科中心，具有超越课堂之外的持久价值和迁移价值的概念）进行选择，以便教授和评价更深层的理解力；学习重心应该从记忆事实转移到理解可迁移的核心概念和对更为根本的知识结构进行深层理解，培养和发展思维能力。

依据 H. Lynn Erickon 教授的概念教学模式，结合我国中学生物教学的特点，笔者认为中学生物核心概念的教学主要有以下几步。

第一，以教学单元作为建构核心概念体系的基本单位。因为教学单元是一个相对完整的教学内容体系，它由若干节具有内在联系的具体内容组成，它们之间形成了一个有机的整体，因此教学单元是学生知识结构形成和发展的基本单位。以教学单元作为建构核心概念体系的基本单位，一方面教师可以整体把握本单元的教学核心，从整体设计出发突出各节内容的联系性和整体性；另一方面作为承上启下的桥梁，将学科的核心概念与课时的核心内容从纵向的角度联系起来（见图 2-4）。

生物课程核心概念 ——→ 单元核心概念 ——→ 课时核心内容

图 2-4 核心概念与核心内容的联系

例如，在高中生物新课程"遗传与进化"模块中，"传递"和"表达"是贯穿整个模块的核心概念。该模块又是由若干个教学单元组成，每个教学单元的核心概念是在"传递"和"表达"两个核心概念的统整下，同时各个单元核心概念的构建需要课时核心内容的支撑。"遗传与进化"模块内在逻辑体系如图 2-5 所示。

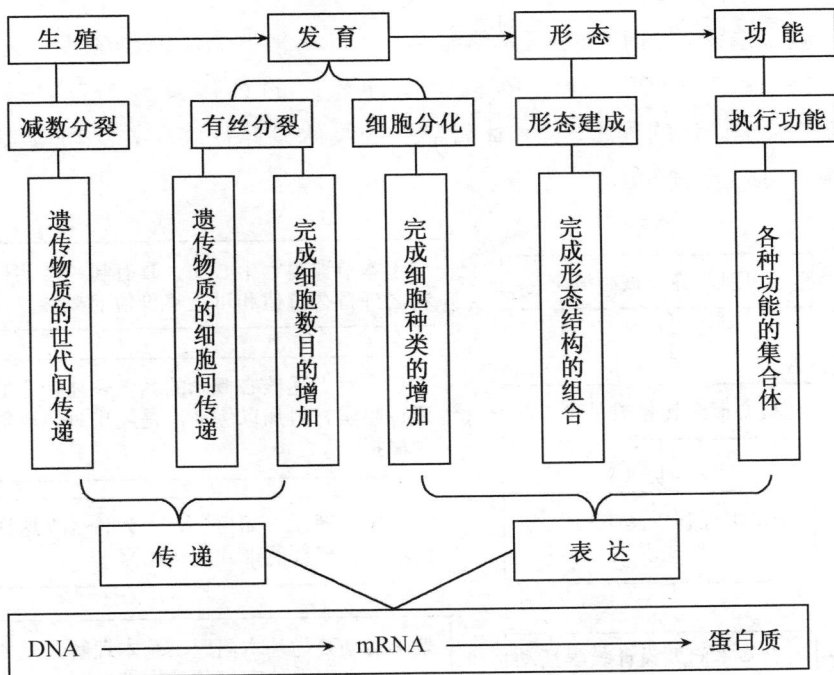

图 2-5 "遗传与进化"模块的内在逻辑体系

第二，审视教学单元内容，建构本单元的核心概念体系。从整体的角度，系统分析教学单元内容的相关性和层次性，建构本单元的核心概念体系。

第三，把核心概念转化为一些基本理解（学生的认知结构），这是期望学生从学习中逐渐形成的习惯。

第四，把基本理解以"基本问题"的形式表达，以问题驱动教学和学习，促进学生的基本理解。

第五，根据基本问题设计教学活动、学习活动和评价活动，从而使学生参与基本问题讨论，这些活动和过程应有助于学生达到基本理解，最终完成知识建构，形成核心概念。

3. 具体实施方法的案例分析

（1）案例 1：美国 FOSS 人体单元中"人体骨骼"教学活动的设计

案例描述：

我们选择美国 FOSS 人体单元中"人体骨骼"教学活动的设计为案例，来分析基于概念建构的教学设计程序的具体实施方法。按照图 2-6 教学设计的程序，"人体骨骼"的具体设计程序和方法可以表述为图2-7 所示的形式。

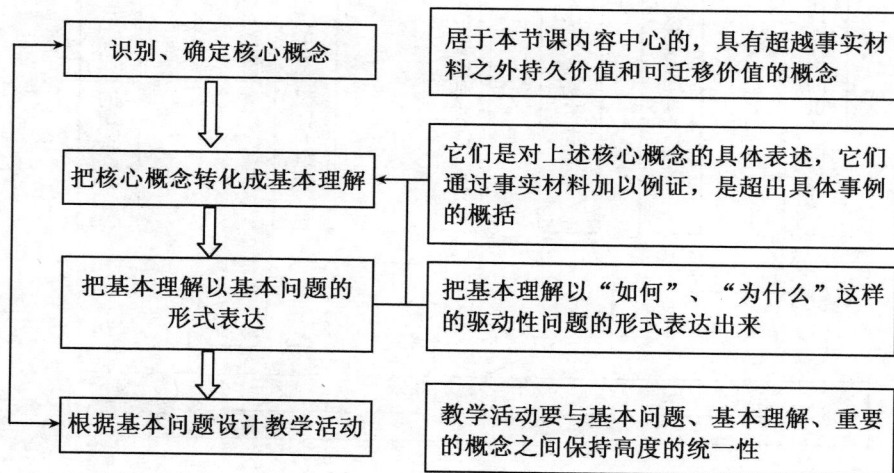

图 2-6　核心概念教学程序

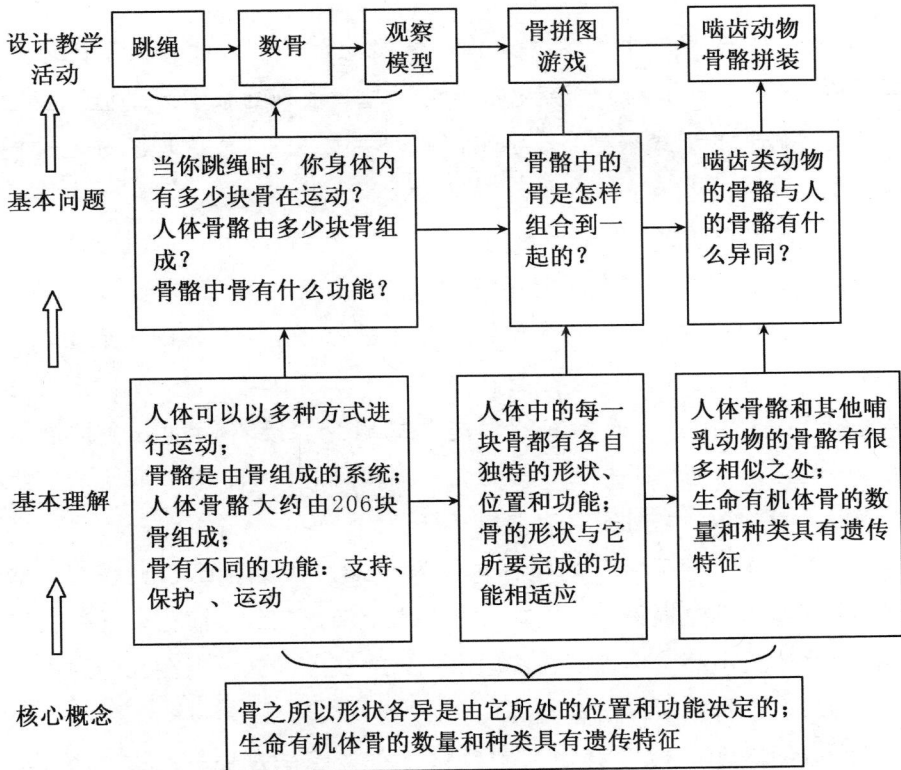

图 2-7 FOSS "人体骨骼" 活动设计

对该案例的分析:

美国 FOSS 是在美国国家科学基金会的资助下，由美国加州大学劳伦斯科学馆 (Lawrence Hall of Science) 依据《美国国家科学教育标准 (NSES)》编制的一套科学课程体系。其核心理念是在"动手做"中学习科学。FOSS 在小学阶段共设计了 80 多个活动，目的是通过这些活动，激发学生学习科学的兴趣和好奇心，培养他们的科学思维技能，并掌握重要的科学概念。不难看出这些活动的设计理念与我们倡导的"在活动中建构科学概念"的观点是一致的，同时这些活动及其设计理念为我们提供了很好的借鉴。

下面对 FOSS "人体骨骼" 基于概念建构的教学实施过程的特点进

行分析。

①在"动手做"中理解并建构科学概念。在"人体骨骼"的学习中，FOSS在设计上的一个突出特点是通过一系列的教学活动让学生通过"动手做"的形式来学习。学生在"动手做"的过程中理解并建构科学概念。

FOSS首先通过跳绳活动感觉身体内骨的存在及其运动功能，然后通过摸身体鼓励学生猜测出身体各部分骨的数量。接着做骨拼图活动，学生根据骨的形态，确定骨的位置，并在思考其功能的基础上组建人体骨骼。在老师的引导下，学生会在头脑中逐步建立起"骨之所以形态各异是由于它们分别完成不同的功能"的概念，接着通过一个扩展活动——啮齿动物骨骼的拼装，来强化对该概念的认识，并初步形成"生命有机体骨的数量和种类具有遗传特征"的认识。

所以，在"动手做"的过程中，学生通过观察、比较、联想、猜测、实证等思维过程将一些原本抽象的概念形象化、具体化，学生便可以在具体体验中清楚地理解这些原本抽象的概念。这一点在我国的小学科学的教学中特别值得借鉴。

②以"问题"来支撑知识的建构。在教学活动设计的策略方面，FOSS的突出特色是，以"问题"来推动课程的进展。问题的设计一方面层层递进、螺旋上升，另一方面富有挑战性，使学生的好奇心持续得到激发，思维得以活跃起来。例如，在学生做跳绳活动时，老师提出问题："当你跳绳时，身体哪些部位在运动？"做完跳绳活动后，老师提出"当你跳绳时你的骨在运动吗？"这一问题，把学生的思维活动聚焦到骨骼上，接着通过"你的骨在哪儿？""你怎么知道你的骨在哪儿？""你摸你的骨有什么感觉？""如果你的骨是硬的，你怎么弯曲？"（引出关节的概念）"你认为你身体内有多少块骨？""身体内的骨是怎样组合到一起的？""身体内全部的骨组成的系统叫什么？"在这些问题的引领下，学生在努力寻求解决问题的过程中，通过调查、分析、整理数据、得出结论，构建自己的观点。学生在解决实际问题的过程中建构起来的知识和观念是出自个人的深层理解，是能够灵活加以迁移的，所以更具价值。

这种以"问题"来支撑知识构建的教学方式，就是教师设计一定的问题情境，刺激学生提出一些问题，或者教师提出一些有意义又可以进行探究的问题来鼓励学生进行一步一步的探究。学生通过自主探索或合作交流来解决问题，从而构建隐含于问题背后的科学知识。以"问题"来支撑知识的构建是 FOSS 教材教学中运用的一项有效策略。

③多样化的课堂教学评价方式。FOSS 的评价采取多样化的方式，包括教师观察学生操作、研究学生记录卡、过程、作品等。

例如，在骨骼的学习过程中，要求学生根据自己的经验，将分散的 19 块骨骼卡片拼装成一个完整的人的骨骼。教师观察学生的作品，了解他们能否根据人体骨的形态，思考其功能来确定其位置；接下来让学生修正一张接错位置的骨的 X 光片，强化学生形成"每一块骨（形态）都具有特定的位置，因为它要完成特定的功能"的认识。引导学生进行啮齿动物骨骼的拼装，进一步强化学生对"每一块骨的形态与它的功能是相适应的"理解。

从以上可以看出，FOSS 的教学评价以关注学生在课堂上的表现为主要内容，这就需要教师在课堂上了解学生如何讨论、交流、思考、操作，如何发现和获得知识等行为，所以 FOSS 的教学评价是与教学密切融合在一起的，为教学提供学生学习情况的反馈信息，教师可以据此调整自己的教学。这与我国的新课程改革倡导的"以学论教、教为了促学"、"把评价重点放在教师的行为对学生的学所起的作用上"等思想有着诸多相通之处。

（2）案例 2：在"动物激素"单元教学中实施核心概念教学（本案例取自北京市潞河中学马九林老师）

案例分析：

①确定本单元核心概念的方法。

第一，通过研究课程标准，确定核心概念。课程标准是我们确定核心概念的纲领性文件，课程标准是教材编写的指南和评价依据，教材必然体现课程标准的基本思想和内容要求。不同教材在阐述课标的内容要求时，选择的事例会有所不同，但其核心内容不会改变。

第二，通过分析不同教材的"交集"，归纳核心概念。教材是专业人员根据课程标准内容编写而成。每套教材都必然要突出本学科的核心概念。不同版本的教材，都要体现课程标准的要求，所以，不同教材都涉及的内容往往就是本单元知识的核心概念。

第三，通过建构概念图，归纳核心概念。概念图是表示概念之间关系的一种形式，通过概念图的归纳，可以直接通过概念之间的逻辑关系而确定核心概念。

第四，通过编制检测试题，归纳核心概念。课程标准明确说明命题的要求，"要充分利用好传统的纸笔测验。在制作纸笔测验试题时，应注意实现以下转变"（见表2-2）。

表2-2 新课程标准命题要求

命题时不必过分强调	命题时应强调
枝节内容； 零散的知识； 单纯的生物学事实； 对内容记忆情况的考查； 学生还不理解哪些知识	核心内容； 具有良好结构的知识； 生物学概念、原理的理解和应用； 对分析、综合等思维能力的考查； 学生理解了哪些知识

②确定本单元的核心概念。通过以上的方法，我们确定了本单元的核心概念。表2-3是我们对本单元核心概念的两种表述方式及其对应关系的描述。

表2-3 "动物激素"单元的"核心概念"归纳结果

"核心概念"的陈述句表述	"核心概念"的名词表述
体液调节维持着人和高等动物的稳态和生长发育的正常进行	体液调节 内分泌器官 激素
糖尿病是人体生命活动调节紊乱的一种现象	糖尿病
甲状腺激素的分泌是受神经、其他激素、环境等因素控制影响的	甲状腺激素的分泌调节

"核心概念"的陈述句表述	"核心概念"的名词表述
胰岛素和胰高血糖素共同控制着血糖的稳定	胰岛素和胰高血糖素的共同调节
胰岛素、甲状腺激素、性激素可以应用于养殖、医疗等领域	胰岛素、甲状腺激素、性激素在生产中的应用

本单元概念之间的从属关系如表 2-4 所示。

表 2-4 "动物激素"单元概念间的从属关系

体液调节	激素调节	内分泌系统	内分泌器官	下丘脑、垂体、甲状腺、胸腺、肾上腺、胰岛、卵巢、睾丸
			激素	促甲状腺激素释放激素、促甲状腺激素、甲状腺激素、生长激素、抗利尿激素、肾上腺素、胰岛素、胰高血糖（高血糖素）、雄性激素、雌性激素
		激素的分泌	甲状腺激素的分泌调节	
			胰岛素和胰高血糖素的共同调节	糖尿病
		激素的应用	胰岛素、甲状腺激素、性激素的应用	

③实施核心概念教学。核心概念教学要求以核心概念为教学重点，以构建核心概念为教学目标，实施概念教学可以使用探究式、讲述式等教学形式。

探究式教学是概念教学的有效的方法。探究式教学，是调动学生的积极性，促使他们自己去获取知识、发展能力，做到自己能发现问题、提出问题、分析问题、解决问题。

在进行概念教学过程中，我们采用了五种探究方法：

教师提问、师生共同分析解决问题；

教师提问、教师启发、学生分析解决问题；

学生提问、师生共同分析解决问题；

学生提问、教师启发、学生分析解决问题；

学生提问、学生分析解决问题。

简而言之，探究式教学就是不直接把结论告诉学生，通过教师与学生共同探究获得结论的过程，归纳出核心概念。

从属概念较多的教学单元，适合使用概念图教学。概念图是表现知识之间相互关系的工具，概念图可以用来梳理知识结构，概念图能够直观展示核心概念和次级概念的上、下位关系，有利于理解一个概念和其他概念之间复杂和广泛的联系。

在课堂上，首先通过观察分析实验现象、通过讲述法教学，使学生明确本节课的基础性知识，然后给学生时间，让学生构建概念图，通过构建概念图，归纳提升"核心概念"。

用归纳法教学，可以让学生自己归纳核心概念。课堂小结是教学的基本环节之一，在课堂复习或小结中运用归纳，往往起到"画龙点睛"的作用。通过课堂小结，促进了学生学会归纳和反思，培养了学生的归纳能力和自我反思的意识。通过学生的归纳总结，得出"核心概念"。

概念教学使复习课的实效性明显提高。把概念教学运用于复习课，是我们进行概念教学最成功的经验。

在复习课上，用"核心概念"统领课堂，学生运用已有的知识解释、论证核心概念。

例如，在复习课上，直接给学生提出一个命题"糖尿病是人体生命活动调节紊乱的一种现象"。让学生分组论证这个命题是否正确。学生通过论证、解释这个命题，必然要弄清以下几个问题：

什么是糖尿病？

糖尿病的症状有哪些？为什么会出现这些症状？

人体是如何调节血糖浓度的？

胰岛素、胰高血糖素、肾上腺素的作用是什么？

如何治疗、预防糖尿病？

一位老师通过核心概念的教学实践后，写道：

通过对"核心概念教学"的教学实践，对概念教学有了初步的认识，取得了一点儿经验，现归纳如下：

通过核心概念教学，我们能够对"一纲多本"的教材内容进行科学、理性地取舍。

通过确定核心概念，我们明确了教学目标，明确了哪些内容是生物学的基础知识，哪些内容仅仅是对生物基础知识的支撑。

通过对核心概念的理解，我们考试测验的命题水平得到跨越性提高。过去，我们的考试测验命题，事实性的知识内容偏多，容易导致学生死记硬背，而且还忽视了生物学素养的考查。

4. 生物学核心概念的界定方法

通过前面的叙述，不难理解，具体的生物学事实、概念和技能是十分庞杂的，不可穷尽的，而学科观念则是比较抽象的，介于两者之间的则是生物学核心概念和学科特有的视角、方法，这正是教师教的内容和学生学的方向。那么这里的核心概念究竟是什么呢？

表 2-5 所示为《美国国家科学教育标准》中生命科学标准内容。

表 2-5　《美国国家科学教育标准》中生命科学标准内容

年级	幼儿园～4 年级	5～8 年级	9～12 年级
标准内容	生命体的特性；生命体的生命周期；生命体与环境	生命系统的结构和功能；繁殖与遗传；调节机制与行为；人口与生态系统；生命体的多样性与适应性	细胞；遗传的分子基础；生物进化；生命体的相互依赖性；生命系统中的物质、能量和组织；生命体的行为

从上述标准不难看出，尽管各个年级的标准不同，但都是从不同层次上认识生物学的核心问题，即生物的形态结构功能、生长发育繁殖和

代谢、遗传进化和调节、人与环境的关系等生物学最基本又最核心的问题。下面进一步分析基于《美国国家科学教育标准》的《美国加州公立学校科学框架》（Science Framework for California Public Schools Kindergarten Through Grade Twelve，1990）中的生命科学框架：它共分三部分，即"A 生物体"、"B 细胞、遗传和进化"、"C 生态系统"，每一部分又提出多个相应的核心问题，不同年级又有不同的解答（见表2-6）。

表2-6 《美国加州公立学校科学框架》中生命科学框架

内容	核心问题
A 生物体	A-1 生物体的基本特征是什么？ A-2 生物体的结构是如何完成相应功能，并且相互作用，共同维持生物体生长及其他生命活动的？ A-3 生物之间的关系是怎样的？如何对生物进行分类？ A-4 人与其他生物如何相互作用？
B 细胞、遗传和进化	B-1 什么是细胞？它的结构组成和功能是什么？细胞是如何生长的？生命和代谢的化学基础是什么？ B-2 生命的特征是如何在前后代传递的？遗传如何决定生物个体的发育？ B-3 随着时间的推移，生命是如何变化进而形成多样性的？生物进化的过程和类型如何表征？
C 生态系统	C-1 什么是生态系统？生态系统中的生物是如何相互作用的？ C-2 生态系统中的能量是如何流动的？ C-3 生态系统如何变化？ C-4 人类对生态系统所负的责任是什么？

再看不同年级的学生对同一问题的不同解答（见表2-7）。

表 2-7　学生的解答

核心问题 年级	A-1 生物体的基本特征是什么？
幼儿园～ 3 年级	生物体具有区别于非生物体的特征（如生物吸收营养、排出废物、繁殖并对环境刺激做出反应等），它们是由可观察、可研究的较小的结构组成（例如，鸟有喙、翅膀、足和羽毛），这些结构自身又是由更小的可观察的结构组成（例如鸟的翅膀有羽毛、皮肤和骨骼）。所有的生物都需要营养，如食物、水和空气。假如缺乏这些资源，生物体就会死亡
3～6 年级	生物都是由细胞构成的，或者它们太小，甚至不如一个细胞大，但它们仍能像比较大的生物体一样完成细胞特有的功能。生物体生长、代谢、繁殖并与环境相互作用。所有生物营养和生长都需要食物和水，呼吸需要气体。植物和某些单细胞生物一样能够利用光能和土壤中的营养和水通过光合作用制造食物。其他生物依靠吃其他的生物或化合物获取食物中的能量。生物以多种方式依赖其他生物
6～9 年级	所有生物都有决定生长和发育的遗传物质 DNA 和 RNA。因为所有的生物有遗传物质，所有生物一定具有 DNA 和 RNA 共同的原始祖先。消化、呼吸、代谢、水调节和生殖是生物体共有的功能，除最简单的生物，生物体都有专门的组织、器官和系统来完成这些功能 生物利用非生物物质构建自身结构使之能够完成相应的功能。碳、氮、氧和二氧化碳以及其他营养的循环是生物利用外界物质生长和维持自身生命活动的过程
9～12 年级	所有生物都具有共同的遗传物质 DNA 和 RNA。这一特征昭示了生物的统一性和具有共同的进化来源。生物体的结构、循环和过程等各种特征都需要能量的推动和维持

　　由此可见，这里对生命的结构、生命的延续、生命与环境、生命的演化、生命的能量等生物学核心问题的解答就构成了生物学的核心概念。只不过不同年级的生物学核心概念是不同的，也就是说，生物学核心概念实际上是教师应该通过教学过程使学生形成的关于生命本质的正

确认识或看法。

需要指出的是，关于生物学的核心概念在欧美许多国家的科学内容标准中有具体的描述，这样就为教师的教和学生的学提供了依据，例如《美国加州科学内容标准》（Science Content Standards，1998）9～12 年级生物学"遗传和进化"部分的描述，见表 2-8。

表 2-8　《美国加州科学内容标准》9～12 年级生物学
"遗传和进化"部分的描述

	核心概念	具体描述
遗传学	在一个种群中，突变和有性生殖导致可遗传的变异。	学生应该知道减数分裂是有性生殖的一个早期步骤，期间成对的染色体分离和自由组合，使产生的配子只含其中一条染色体； 学生应该知道在多细胞生物体内只有某些细胞进行减数分裂； 学生应该知道用染色体如何自由组合解释在配子中特定基因出现的概率； 学生应该知道通过雌雄配子的结合（受精作用）在合子中产生新基因组合； 学生应该知道为什么个体大约一半的 DNA 序列来自一个亲本； 学生应该知道在决定性别中染色体的作用； 学生应该知道如何根据亲代的基因组成来预测合子中等位基因的可能组成
	多细胞生物自一个合子发育而来，它的表现型依赖于它的基因型，而其基因型是在受精时建立的。	学生应该知道如何在杂交试验中通过亲本的基因型和遗传模式（常染色体或伴性遗传，显性或隐性遗传）来推测子代的表现型； 学生应该知道孟德尔分离定律和自由组合定律的遗传基础； 学生应该知道如何根据系谱图展示的表现型来推测可能的遗传方式； 学生应该知道如何利用减数分裂中关于交换频率的资料估计基因座位的遗传距离并解释染色体的基因图

	核心概念	具体描述
遗传学	基因是包含在每一种生物 DNA 序列中的一系列指令，它决定了特定物种蛋白质的氨基酸序列。	学生应该知道通过核糖体利用转移 RNA 翻译信使 RNA 上的遗传信息进而合成蛋白质的一般途径； 学生应该知道如何利用遗传密码从 RNA 上的密码序列预测氨基酸序列； 学生应该知道一个 DNA 上基因如何突变可以或不可以影响基因的表达或影响编码蛋白质的氨基酸序列； 学生应该知道多细胞生物细胞的分化通常是由于基因表达的不同，而不是基因自身的不同； 学生应该知道一种蛋白质在氨基酸数量和排列顺序上不同于另一种蛋白质； 学生应该知道具有不同氨基酸序列的蛋白质具有不同的形状和化学性质
	细胞中的遗传组成能够通过植入外源 DNA 而发生改变。	学生应该知道 DNA、RNA 和蛋白质的一般结构和功能； 学生应该知道如何利用碱基互补配对原则解释 DNA 在半保留复制中的精确性和遗传信息从 DNA 转录至 RNA 的精确性； 学生应该知道如何利用遗传工程（生物技术）生产丰富的生物医药和农业产品； 学生应该知道如何利用基本的 DNA 技术（限制性核酸内切酶、胶体电泳、连接酶和转录）构建重组 DNA 分子； 学生应该知道如何将外源 DNA 分子插入细菌细胞从而改变其遗传组成并支持新的蛋白质产品的表达

	核心概念	具体描述
进化	种群基因频率依赖多种因素并且在一定时期内稳定或不稳定。	学生应该知道为什么自然选择作用于生物的表现型而不是基因型； 学生应该知道为什么等位基因在纯合子中致死、在杂合子中携带从而维持基因库； 学生应该知道新的突变在基因库中不断产生； 学生应该知道物种中的变异增加了在变化的环境中某些个体生存的可能性； 学生应该知道种群中哈德温伯格平衡成立的条件和为什么这些条件在自然界中不可能出现； 学生应该知道如何在知道表现型频率的前提下，解哈德温伯格方程来预测种群中基因型的频率
	进化是在不断变化的环境中基因变化的结果。	学生应该知道自然选择如何决定生物类群不同的生存方式； 学生应该知道物种的多样性至少增加了某些生物在变化的环境中生存的机会； 学生应该知道在一个种群中遗传演变对生物多样性的影响； 学生应该知道生殖隔离和地理隔离影响物种的形成； 学生应该知道如何分析化石证据； 学生应该知道如何利用比较胚胎学、DNA 或蛋白质序列比较和其他独立来源的资料创造一个分支图以展示生物之间可能的进化关系； 学生应该知道几种独立的分子时钟，相互校正，并结合各种化石证据，估算各种生物大约多久以前从另一种生物进化分歧进化而来

可见，核心概念具有统领一般概念和事实概念的作用，因为一般概念接近于或等于事实性概念，而核心概念则是超越于具体、事实性概念的认识。

对于这样一种观点，还可以用最新修订的我国《小学科学课程标准》中关于核心概念的认识来加以佐证。以韦钰院士为首的专家学者最新修订的《小学科学课程标准》的"科学内容标准"包括物质科学、生命科学、地球科学和技术四大领域的相关基础知识。科学领域的内容分为三个层次：第一层次是构成领域内容的核心概念；第二层次是核心概念内容的分解；第三层次是体现具体概念内容的现象和实例。《小学科学课程标准》还指出："内容标准确定了24个核心概念，并确立了围绕核心概念，构建科学和技术领域的学习内容和思路。24个核心概念是集合了各科学领域中最基础、最重要的核心概念；而围绕24个核心概念分层分解的142条具体概念是周围世界可教可学、可组织探究活动的儿童必需的科学知识，也是构建和理解核心概念的必经途径。"其中涉及生命科学的核心概念有：为了维持生存，生物体需要不断和外界交换物质、能量和信息；植物能够制造养分以维持自身的生存，并为动物和人类提供生存需要的氧气和养分；动物能适应环境，通过获取植物和其他动物的养分来维持生存；人类有一个具有高级功能的脑；植物和动物都能繁殖后代，使各自的物种得以延续；动植物之间有相互依存关系；地球上存在着不同的植物和动物——生物的多样性。从上述七条核心概念来看，依次是对生物代谢、生物之间的关系、生物的适应性、生物的繁殖以及生物多样性等生物学核心问题的最基本的认识。

下面以高中生物学为例说明生物学核心概念的界定方法。

高中生物学核心概念界定的依据：第一，从教学内容和要求上，遵循《普通高中生物课程标准（实验）》的基本要求和标准，不增减内容，也不提高或降低教学难度；第二，从核心概念的顺序和逻辑关系上，以人教版必修教材相应的章为顺序，其逻辑关系自然遵循教材内在的逻辑关系；第三，在语言的表述上，参照英美国家的科学内容标准，对核心概念的描述尽可能使用陈述句，并做到简明扼要、高度概括，有些章节的核心概念甚至做了合并，如模块一第四、第五章；第四，对核心概念的描述，尽可能符合高中阶段学生对生命本质的认知特点；第五，仅对人教版必修三个模块中的核心概念进行了提炼，不涉及选修教材。必修中的某些模块也没有核心概念，如模块二第六章"从杂交育种到基因工程"、模块三第六章"生态环境的保护"等。

按照以上依据，北京市生物市级骨干教师培训班学员对高中生物学核心概念进行了界定。以下是潞河中学朱晓琳老师界定的关于高中生物的 15 个核心概念。

模块一"分子与细胞"，共六章，界定了五个核心概念（见表 2-9）。

表 2-9　"分子与细胞"模块的核心概念

章及名称	核心概念
第一章　走近细胞	细胞是最基本的生命系统，生命系统既有统一性，又有多样性
第二章　组成细胞的分子	细胞是由物质分子组成的，不同的物质承担不同的作用
第三章　细胞的基本结构	细胞是物质分子的有机结合体，细胞的各种结构既分工又合作
第四章　细胞的物质输入和输出	细胞的生命活动需要物质和能量的推动
第五章　细胞的能量供应和利用	
第六章　细胞的生命历程	细胞能够生长、增殖、分化、衰老、癌变和死亡，在离体状态下，细胞还能够发育成一个新的个体（即细胞具有全能性）

模块二"遗传与进化",共七章,界定了六个核心概念(见表2-10)。

表2-10　"遗传与进化"模块的核心概念

章及名称	核心概念
第一章　遗传因子的发现	性状遗传是基因传递的结果,而且这种传递是有规律的
第二章　基因和染色体的关系	基因在染色体上
第三章　基因的本质	DNA是主要遗传物质,遗传信息的传递是通过DNA复制实现的
第四章　基因的表达	遗传信息的表达是通过转录和翻译实现的
第五章　基因突变和其他变异	可遗传的变异是遗传物质改变的结果
第六章　从杂交育种的基因工程	——
第七章　现代生物进化理论	生物的进化是在自然选择作用下种群基因频率定向改变的结果

模块三"稳态与环境",共六章,界定了四个核心概念(见表2-11)。

表2-11　"稳态与环境"模块的核心概念

章及名称	核心概念
第一章　人体的内环境与稳态	人体内的细胞需要相对稳定的生存环境
第二章　动物和人体生命活动的调节	高等动物和人体的稳态是通过体液调节、神经调节和免疫调节实现的
第三章　植物的激素调节	植物生命活动受多种植物激素的调节
第四章　种群和群落	——
第五章　生态系统及其稳定性	具有复杂结构的生态系统可以通过能量流动、物质循环和信息交流实现其相对稳定
第六章　生态环境的保护	——

这样,必修模块共15个核心概念,我们的教学目标就是帮助学生

构建上述核心概念，并在此基础上形成相应的生物学观念。

通过以上对高中生物核心概念的界定可以看出，核心概念不是一成不变的，有些概念对中学生是核心概念但对学科专家不一定是核心概念。因此生物学核心概念是分层级的，应该有学科的核心概念、学段的核心概念、单元的核心概念之分。对中学生物教师来说，立足于单元进行核心概念的界定更具有实际意义。

第三章 生物教师学科知识结构的评价方法

一、PISA 评价的理论基础

国际学生评价项目（The Program for International Student Assessment，PISA）是由联合国经济合作与发展组织（The Organization for Economic Co-operation and Development，OECD）负责组织实施的国际评价比较测试，主要目的是各国协作监控教育成果，测试主要工业化国家 15 岁的学生在阅读、数学和科学等方面应用其知识、技能和解决问题的能力。PISA 根据学生相关科目的成绩进行国际间比较，发布各国平均水平概况的比较和学生层次分布的信息，提供国家间的比较基准，并且定期更新学生与基准的比较情况。

PISA 基于"终身学习"（lifelong learning）的动态模型设计测试，其理念是"评价学生现实生活和终生学习所必需的知识和技能"。虽然 PISA 的评价领域与学校学习科目紧密相关，但 PISA 集中评价学生所学技能的价值和解决问题的能力，它在一个更广阔的范围，在实际生活的情景中测试学生的实际操作能力和文化素质。PISA 的评价理念更多地集中于学生在多大程度上掌握了全面参与社会所需要的基本知识和技能。它是一项前瞻性评估，重点考查学生运用知识和技能解决真实生活中的问题的能力，而不是测试学生对具体的学校课程内容的掌握程度。PISA 测量的"素养"是指学生为迎接当今不断变化的现实世界的挑战，应用知识和技能解决问题的能力，以及在日常生活情境下做出良好判断和决策的能力。它不同于且高于对学校课程所设置的学科相关知识的理解或记忆能力。

"学生做好了准备去迎接未来的挑战吗?""他们能有效地进行分析、推理、交流吗?""他们有进行终身学习的能力吗?"……联合国经济合作与发展组织(OECD)成员国希望获得关于学生的知识、技能及教育表现的常规、可靠的数据资料。为了满足这一要求,20世纪90年代中期OECD开始着手开发PISA的工作,1997年正式启动PISA,2000年发布了它的第一个评价报告。国际学生评价项目是一个动态的评价框架,每三年选择一个主题,每九年完成一个周期,迄今为止参与国已达60多个。

PISA根据学生相关科目的测试成绩进行国际间比较,发布各国平均水平概况的比较和学生层次分布的信息,提供国家间的比较基准,为各成员国政府制定教育政策提供参照。除OECD成员国外,PISA也吸收非成员国家和地区参加,我国有一些地区(香港、台湾、上海)也都参加了该项目。PISA现在已发展成国际上最有影响力的学生评价平台。

(一) PISA 测评工具的理论建构——核心概念的界定

PISA测评中的核心概念"素养"更多地被强调。PISA测评是逐年发展的,但是其评价领域相对固定,主要涉及阅读、数学、科学领域。在每个领域中评价学生的相关素养:阅读素养、数学素养、科学素养。PISA对学生素养的界定更多地着眼于学生的发展,强调学生适应未来世界的能力,特别强调学生运用知识和技能解决现实生活中的问题的能力。

阅读素养,指理解、使用和反思文本的能力,以此达成个人目标,发展个人的知识与潜力,参与社会生活。按情境可将阅读项目划分为:为了个人应用而阅读;为了教育而阅读;为了职业而阅读;为了公共事业而阅读。对学生阅读素养测评的内容包括:形成广义的、总体的理解;寻找信息;解释原因;思考文本的内容;思考文本的形式。

数学素养，是学生在涉及数量的、空间的、概率的或其他数学概念的各种情境中提出、解决和解释数学问题时，有效地分析、推理和交流的能力。数学素养是一种个人能力，学生能确定并理解数学在社会所起的作用，得出有充分根据的数学判断并能够有效地运用数学。PISA 从数学技能、主要的数学概念、数学课程、数学情境四个方面展开。其中数学技能包括数学思考、数学论证、数学建模、提出问题并解决问题、表达和交流观点及使用工具等方面的能力。主要的数学概念有概率、变化与关系、空间和形式、数理推理、不定性、从属性关系等。传统数学课程中的代数学、函数、几何学、概率、统计学、离散数学等是 PISA 数学素养评估的一小部分。PISA 将评估集中在个人的、教育的、职业的、公共的和科学的五个情境中。

科学素养，指学生能利用科学知识确定问题并根据证据得出结论，理解自然世界及人类活动对自然产生的影响，并据此做出相应的决策。PISA 围绕科学的三个方面来展开。

①科学概念。学生需要掌握一定数量的关键概念，从而可以理解自然世界中确定的现象和人类活动所导致的变化，内容涉及物理、化学、生物学、地球和空间科学等。

②科学方法。包括：科学地确定可研究的问题；鉴别所需要的证据；得出或评价结论；交流有效的结论和对科学概念理解的演示。

③科学情境。PISA 重点选择了个人、家庭、社区、世界生活四个层次上的科学情境，以尽可能准确地评价学生运用从科学课程中获得的科学知识的能力。

（二）PISA 的测评框架

PISA 测评框架包括两部分：认知领域、态度参与度和学习策略。其中，认知领域的测评框架包括知识、能力、情境三个维度（见表 3-1）。

表 3-1　PISA 认知领域测评框架

	阅读	数学	科学
知识领域	阅读材料的形式： ①连续文本，如记叙文、说明文、议论文； ②非连续文本，如图表、表格和清单	数学领域的概念群： 数量； 空间和形状； 变化和关系； 不确定性	①科学知识： 物质系统； 生命系统； 地球和宇宙系统； 技术系统 ②关于科学的知识： 科学探究； 科学解释
能力	阅读任务或过程的类型： 检索信息； 解释文本； 反思和评价文本	数学"能力群"： 再现（简单的数学运算）； 连接（运用多个观念解决直接的问题）； 反思（更广的数学思维）	科学任务或过程的类型： 识别科学议题； 科学地解释现象； 运用科学证据
情境和环境	文本的使用场合： 个人的（如私人信件）； 公共的（如官方文件）； 工作或职业的（如报告）； 教育的（如与学校相关的阅读）	数学应用的领域，关注与个人、社会和全球情境中的应用，例如： 个人的； 教育或职业的； 公共的； 科学的	科学应用的领域，关注与个人、社会和全球情境中的应用，例如： 健康； 自然资源； 环境； 危机； 科学和技术前沿

学生学习的态度、参与度和策略则以问卷的形式呈现。

在 PISA 评价中，生物学科的内容纳入科学素养的评价范畴，因此，下面主要从 PISA 科学素养测评方面，分析 PISA 的测评理念与测评方式。

1. PISA 科学素养的评价理念

PISA 对科学素养的评价理念取决于其对科学素养的界定。PISA 对科学素养的界定为：科学素养是一种能力，是指能够运用科学知识去识别问题，经论证得出结论，以助于理解人类对自然界的改造和所作的决策。科学素养测评包括三个维度：科学知识或概念、科学过程、科学知识和过程应用的情境。

根据 PISA 2006 评价框架，科学素养主要包括：应用科学知识识别问题，获取新知识，科学地解释现象，并基于证据给予与科学有关的问题以相应的结论；理解科学作为人类知识和探究的一种形式的典型特征；意识到科学和技术如何塑造了我们的物质、精神和文化环境；作为一个有思想的公民，积极参与科学议题（见表 3-2）。

表 3-2　PISA 科学素养评价框架

知识	能力	态度
科学知识：物理系统、生命系统、地球和空间系统； 关于科学的知识：科学探究、科学解释	识别科学问题； 科学地解释现象； 使用科学证据	科学兴趣； 支持科学探究； 对资源和环境的责任感

PISA 科学素养的评价内容围绕四个方面来展开：科学知识、科学能力、科学态度、科学情境，这四个方面的关系如图 3-1 所示。

科学知识

在生活情境中理解和应用科学知识的程度。从物理、化学、生物、地球空间科学等科学领域中选择评价内容

科学情境

PISA不是评价情境，而是评价相关情境下的科学知识、能力和态度

科学能力

识别科学问题的能力
解释科学现象的能力
使用科学证据的能力

科学态度

对科学的兴趣，对科学探究的支持，对可持续发展的责任

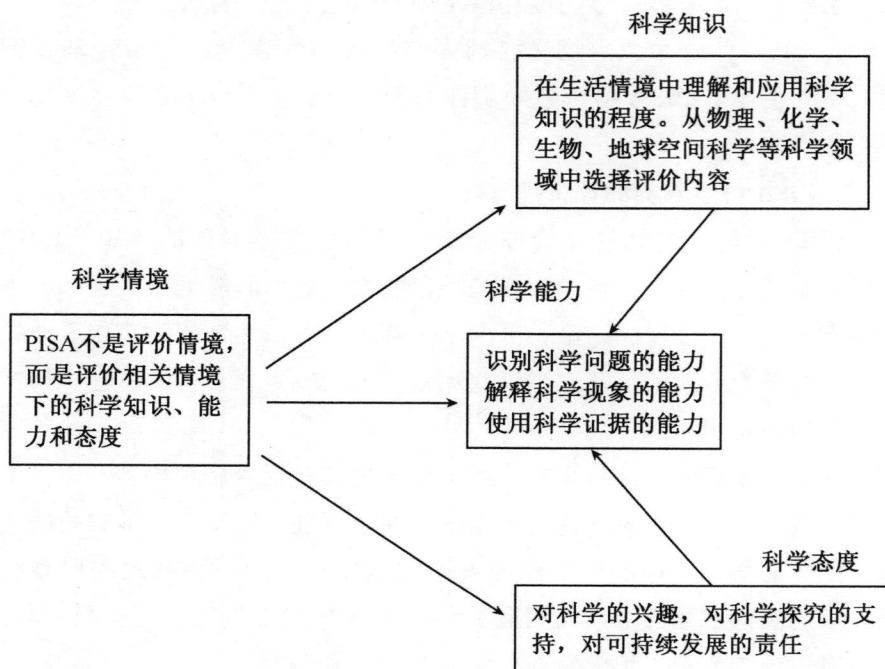

图 3-1 PISA 科学素养评价四个方面的相互关系

　　努力寻找生产、生活的实际情境以体现科学知识的真正价值，是PISA 评价的基础，PISA 强调在真实的情境中运用知识解决问题的能力，在解决问题的过程中体现科学态度。因此，这四个方面是以科学能力为核心形成的相互联系的评价内容的结构框架。

　　新课程实施以来，生物学科的教学评价也从过去的死记硬背知识向在具体的情境中应用知识转变。但是由于担心出现科学性错误而不敢也不善于将日常生活中复杂的科学问题简单化、将结构严谨的知识趣味化，这就使得我们的评价重点还是学科知识本身，关于学科知识真正价值还不能从评价中很好地加以体现。因此，我们建议，对于日常生活中复杂的科学问题要"允许"或"应该"在原理上做适当的简化和近似处理，以突出科学知识的真正价值。

　　PISA 科学素养评价的详细内容见表 3-3。

表 3-3　PISA 科学素养评价的详细内容

内容	说明	选择具体评价内容的标准
科学知识	PISA 认为概念能使我们将新经验与已知的知识联系起来，从而可以理解自然世界中确定的现象和人类活动所导致的变化，因此掌握概念对学生来说很重要。在 PISA 的测试中科学概念占有很大的比例	与日常生活联系紧密；代表学科的重要概念；适合被评价者的学习水平
科学能力	PISA 更多地关注与科学相关的方法，而不是科学内的方法。这主要包含对得出科学结论的论据的认识、解释以及在此之上采取行动的能力	考查以下能力：识别科学问题；运用科学知识解释现象；使用科学证据得出或评价结论；交流有效的结论；对科学概念理解的演示
科学态度	PISA 认为回答科学问题时能反映出对科学是否有兴趣，是否支持科学探究，对自然资源与环境是否有意识地采取负责任的行动	对科学的兴趣；对科学探究的支持；对可持续发展的责任
科学情境	PISA 不是评价情境，而是评价相关情境下的科学知识、能力（包括批判性思维能力）和态度。要求必须将评价设置在具体的情境中	PISA 重点选择了个人、家庭、社区、世界生活四个层次上的科学情境，以尽可能准确地评价学生运用从科学课程中获得的科学知识的能力

从 PISA 的评价内容可以看出，PISA 的评价是基于"终身学习"（lifelong learning）的动态模型设计测试内容，评价的是"学生现实生活和终生学习所必需的知识和技能"。重点考查学生运用知识和技能（主要侧重于概念）解决现实生活中的问题的能力。所有的评价都必须在相关的情境中进行，这与 PISA 对"素养"界定相一致：素养是指面

对当今不断变化的现实世界挑战，应用知识和技能解决问题的能力，以及在现实生活情境下做出良好判断和决策的能力。

基于以上的内容，PISA 确定了相应的水平体系。表 3-4 以"识别科学问题"的能力为例，介绍相应内容的能力水平体系。

表 3-4　PISA 科学素养评价的细化能力水平举例——识别科学问题

水平	每个学生应具备的一般能力	学生应该能完成的具体任务
6	在研究设计时能够理解并且清楚地说明复杂模型的内在联系	能够说明对于给定的科学问题进行实验设计的各个方面。能够设计出可以回答某个具体科学问题的研究方案。能够识别研究中需要控制的变量并且清楚地说明控制这些变量的方法
5	理解科学研究的本质元素，能够通过分析给定的实验，识别正在研究的问题，解释方法与问题的联系	当研究涉及广泛范围的背景时，能够识别要改变和测量的变量。认识到需要控制研究的所有外来无关变量的影响，但未能控制。能够问出一个与给定议题相关的科学问题
4	能够识别研究中所改变和测量的变量和至少一个被控制的变量	能够区分与实验结果进行比较的控制变量。能够意识到未受控制的变量的效应，尝试在研究中将未受控制的变量考虑进来
3	能够判断某个议题是否可以采用科学测量，是否可以进行科学研究。在给出一个研究的描述时，可以识别出改变和被测量的变量	能够识别研究中可以进行科学测量的变量。能够在简单的实验中区分改变的和被测量的变量。在比较两个测试结果时，能够意识到，但不能清楚地说出控制的目的

水平	每个学生应具备的一般能力	学生应该能完成的具体任务
2	能够确定在一项研究中是否可以将科学测量应用于给定变量。能够识别正在操控的变量，能够选择关键词搜索	理解什么能够被科学工具测量，对于一个实验，在给出几个目标后，能够选出最合适的一个目标。能够识别在实验中正在被改变的是什么。能够选择搜索词
1	能够选出合适信息。能够意识到一个数量在实验过程中经历了变异。在具体情境下，能够识别变量是否采用熟悉的测量工具进行了测量	能够选择合适的信息源。在给定一个具体而简单的情境时，能够识别出一个数量正在发生变化。在所熟悉的测量工具被用于测量某个变量时，能够识别出来

下面以"雪豹"测试题来看 PISA 科学素养的评价。

题目：雪豹

2003 年 12 月，澳大利亚 Mogo 动物园出生了一公一母两只雪豹幼仔。两只幼仔会遗传其母亲（Lena）或父亲（Mangar）的特征吗？在下列可能性中的"同意"或"不同意"上画圈（见表 3-5）。

表 3-5　关于雪豹遗传特征的调查

遗传特征	同意或不同意
Lena 特征都遗传给了两个幼仔，Mangar 没有遗传它的特征	同意/不同意
Lena 特征只遗传给了母仔，Mangar 特征遗传给了公仔	同意/不同意
Mangar 特征遗传给了两个幼仔，Lena 没有遗传它的特征	同意/不同意
Mangar 特征遗传给了两个幼仔，因为雄性遗传特征比雌性遗传特征更显性	同意/不同意
Lena 和 Mangar 的特征都遗传给了两只幼仔	同意/不同意

该题测试的是学生对"遗传"这个生物学科的重要概念的掌握情况。从这道题可以看出，PISA 强调的是在真实的情境中展示对概念的理解，而不是对概念的死记硬背，在解题的过程中，学生要充分运用所学的遗传概念和科学方法做出判断，这一点特别值得我们研究和借鉴。

我国生物新课程也特别强调"提高生物科学素养"、"培养学生终身学习能力"和"运用生物学知识分析和解决生活、生产或社会实际问题"的能力。这些都与 PISA 的评价理念相一致。如果我们在进行评价时，能够借鉴 PISA 的评价方式，不是过于强调对事实、概念的记忆，不是要求学生一字不错地"复制"教材中的定义，我们的评价一定会对新课程的实施起到正面的推动作用。

2. PISA 科学素养的测评方式

PISA 测评结构的设计基于两个原则：一是评价设置的情境要尽可能地真实，并在一定程度上反映现实生活的复杂性；二是有效地使用测试时间，在尽可能少的情境下，从多个角度反映学生的科学素养。

PISA 测评结构的设计特点：PISA 测评中没有把科学素养二元分类（非有即无），而是以"程度梯度"来呈现不同人不同的科学素养水平。例如，在科学能力评价中，PISA 的"程度梯度"量表可用图 3-2 表示。

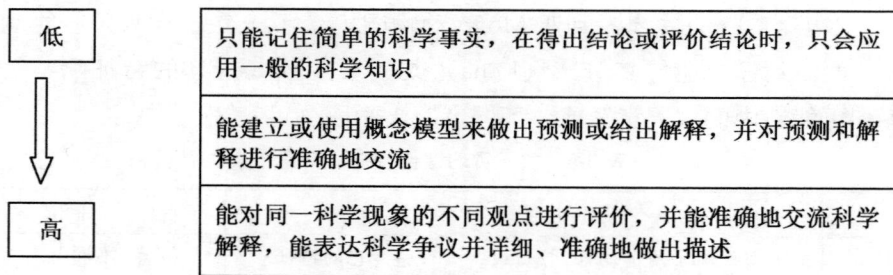

低	只能记住简单的科学事实，在得出结论或评价结论时，只会应用一般的科学知识
	能建立或使用概念模型来做出预测或给出解释，并对预测和解释进行准确地交流
高	能对同一科学现象的不同观点进行评价，并能准确地交流科学解释，能表达科学争议并详细、准确地做出描述

图 3-2　PISA 的"程度梯度"量表

特别值得一提的是，PISA 把对科学的态度列入科学素养的测评范围之内。这种评价导向提示我们，不仅要注重孩子科学知识的培养，而且要重视培养孩子的兴趣、动机等，这对孩子的影响是持久而深远的。因此，从某种程度上来看，对学习者进行科学态度的灌输、价值观教育和传授科学知识同样重要。

在我国的新课程实施中，"情感态度与价值观"是新课程三维目标之一，被提到了很重要的位置，教师在课堂上努力落实"情感态度与价值观"目标，但在评价内容中确很少涉及。应该如何测评学生的情感态度与价值观？PISA 为我们提供了很好的借鉴。PISA 从三个方面评价学生的科学态度：对科学的兴趣，对科学探究的支持，对可持续发展的责任。PISA 的很多测试题中都包含一个评价学生科学态度的问题。例如，在一个关于"DNA"的测试题中，其中有一个问题是：请对以下三个内容，表明你的态度（每行只能选一个）（见表 3-6）。

表 3-6　有关 DNA 的测试题

	兴趣最高	兴趣较高	兴趣较低	没兴趣
在处理犯罪事件中更多地了解 DNA 的用途	☐	☐	☐	☐
了解更多有关 DNA 是如何发挥作用的	☐	☐	☐	☐
更好地理解如何利用科学知识来处理犯罪事件	☐	☐	☐	☐

PISA 的每种测试题有详细计分标准，分别为"满分"、"部分得分"和"不得分"。例如前面关于"海豹"的测试题，它的评分为：

满分，代码 2：上述五题正确答案为：不同意，不同意。不同意，不同意，同意。部分得分，代码 1：五题中答对了四个。

不得分，代码 0：其他答案，代码 9：空白。

与综合评分一样，将记录每道题的回答。每个错误回答都对应特定的错误观念。A 同意（错误观念：表明不理解父母基因的平等性。母亲遗传所有特征）；B 同意（错误观念：表明不理解父母基因的平等性。母亲把特征遗传给母仔，父亲把特征遗传给公仔）；C 同意（错误观念：表明不理解父母基因的平等性。父亲遗传所有特征）；D 同意（错误观念：表明不理解"显性"术语）。

PISA 的评分说明很值得借鉴，每个错误答案对应特定的错误观念，通过分析学生的错误答案可以反馈学生的学习情况。

下面分析两道根据 PISA 测评理念和方式的样题。

样题 1：洋葱根尖细胞（本样题由平谷教研中心安淑荣设计底题）

洋葱根尖是"观察植物细胞有丝分裂"最常用的实验材料之一，这是因为洋葱根尖容易培育、根尖细胞体型较大，细胞内染色体数目少且体型大，非常有利于观察。洋葱根尖的分生区细胞能进行有丝分裂，用高倍显微镜可以观察到有丝分裂各个时期细胞内的染色体变化情况。

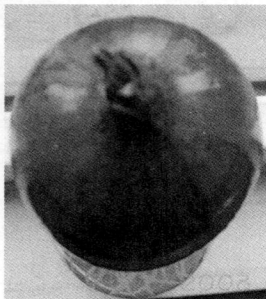

图 3-3 用水培法培养洋葱

洋葱的根可用水培法来培养（见图 3-3）。具体做法为：选择外形充实而饱满、表面油光发亮，底部鳞片薄的洋葱；将其底部浸入水中，放在温暖的地方进行水培。每日换一次水，3～5 日即有根长出。

问题 1：洋葱根尖细胞（层次：再现、回忆）

实验研究得知，在良好的水培条件下，一天内洋葱根尖分生区细胞分裂的高峰依次位于 0：30、10：30 和 14：30。为了观察到有丝分裂各期的细胞分裂相，制作洋葱根尖细胞分裂临时装片的操作程序是_____。

A. 选材→固定→解离→漂洗→染色→压片

B. 选材→解离→固定→漂洗→染色→压片

C. 选材→解离→漂洗→固定→染色→压片

D. 选材→固定→解离→染色→漂洗→压片

问题 2：洋葱根尖细胞（层次：分析、综合）

下列关于观察洋葱根尖细胞有丝分裂实验的叙述，正确的一组是_____。

①解离的目的是将组织细胞杀死，以利于固定细胞的形态

②漂洗的目的是为了洗去根尖上的酸，避免与碱性染料发生中和

③用龙胆紫染色是为了将细胞核染成紫色

④压片可将根尖细胞压成单层，使之不互相重叠

⑤高倍镜下视野明亮，看到的细胞数目少

⑥当看到一前期细胞时，要注意观察它进入中期、后期、末期的过程，以理解从前期到末期发生的变化

　　A.①②　　　　　B.③④⑤　　　　C.②③④　　　　D.②③⑥

问题3：洋葱根尖细胞（层次：再现、回忆）

在高倍显微镜下观察处于有丝分裂中期的洋葱细胞，都能看到的结构是_____。

　　A. 赤道板、染色体、细胞膜

　　B. 纺锤体、赤道板、同源染色体

　　C. 细胞壁、染色体、纺锤体

　　D. 细胞壁、核膜、染色体、着丝点

问题4：洋葱根尖细胞（层次：分析、综合）

图3-4为高倍镜下观察到的洋葱细胞分裂图像，下列图像按有丝分裂发生的过程排序正确的是_____。

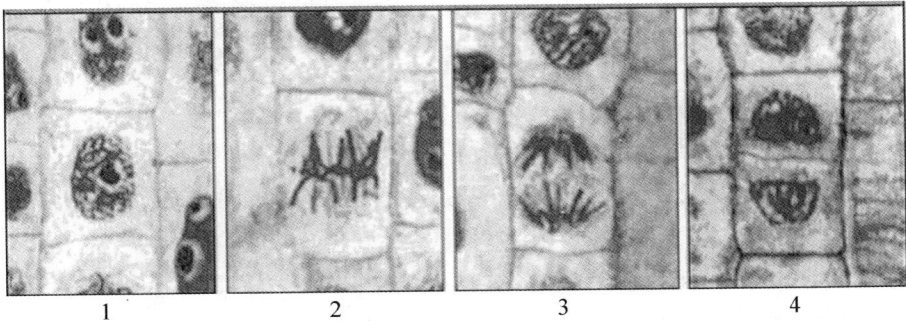

图 3-4　洋葱细胞分裂图像

　　A. 图1—图2—图3—图4　　　　B. 图1—图2—图4—图3

　　C. 图1—图3—图2—图4　　　　D. 图4—图3—图2—图1

问题5：洋葱根尖细胞（层次：理解、应用）

在做观察植物细胞的有丝分裂实验时，利用洋葱根尖作为实验材料，常常因解离固定前不好确定取材时间，在所取材料中处于分裂期的细胞很少，影响实验效果。如果我们能了解洋葱根尖分生区细胞分裂周期，确定在一天中的什么时段其根尖分生区大部分细胞处于分裂

期，在此时取材解离固定，实验成功率就会大大提高。要求：设计一个实验方案，测定出洋葱根尖分生区细胞在一天中什么时段分裂期细胞较多（设分裂期时长为半小时）。

①写出你设计的实验简要步骤：_____。

②结论：_____。

该样题考查的是细胞有丝分裂的概念。生命的特征之一是繁殖，在单细胞生物中，细胞的分裂就是个体的繁殖。在多细胞生物中，个体的繁殖也是从单细胞的分裂开始。无论对于单细胞生物，还是多细胞生物，细胞的分裂是生物体生长、发育、繁殖和遗传的基础。而有丝分裂又是真核细胞分裂的主要方式，因此，细胞的有丝分裂是生物学的一个重要的概念。

这个概念的要旨是将细胞分裂间期复制的 DNA 以染色体的形式平均分配到两个子细胞中去，使每个子细胞都得到一组与母细胞相同的遗传物质，以维持遗传物质在世代传递中的稳定性。

针对这个要旨，本样题以观察洋葱根尖细胞有丝分裂的实验为情境，从不同角度考查对细胞有丝分裂过程的理解，同时考查观察实验现象、分析实验现象的能力。最后通过一个实验方案的设计，考查对细胞分裂周期的认识。

知识链接

细胞不但是生物体的一个基本结构单位，还是生物体的一个基本功能单位。生物体都是从一个细胞开始发育的，生物体的发育离不开细胞的分裂。细胞周期是细胞从一次分裂开始到第二次分裂开始所经历的全过程，它包括一个有丝分裂期和一个分裂间期。不同物种、不同组织的细胞周期所经历的时间不同。在特定条件下，各种细胞的周期时间是一定的。洋葱根尖分生区细胞的分裂周期也是有规律的。教师如果能确定一天中的什么时间段其根尖分生区大部分细胞处于分裂期，在此时取材解离固定，就会使学生通过实验观察到不同分裂期的细胞分裂现象，实验现象明显，实验效果非常好。学生通过直接的观察，形成感性认识，有助于建立细胞周期这个核心概念。

样题 2：DNA 的结构（本样题由延庆教研中心李明娥设计底题）

DNA（Deoxyribonucleic acid），中文译名为脱氧核糖核酸，是组成染色体的主要化学物质，有时也被称为"遗传微粒"。DNA 是一种分子，可承载遗传指令，以引导生物发育与生命机能运作。由于 DNA 中承载遗传信息，常被比喻为"蓝图"或"食谱"。其中包含的指令，是建构细胞内其他化合物（如蛋白质、RNA）所必需的。有遗传效应的 DNA 片段称为基因，其他的 DNA 序列，有些直接以自身构造发挥作用，有些则参与调控遗传信息的表现。DNA 的结构如图 3-5 所示。

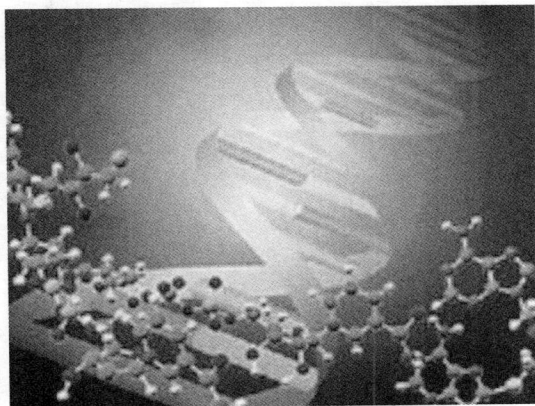

图 3-5　DNA 结构模式图

DNA 是一种长链聚合物，其组成单位称为脱氧核苷酸，糖类与磷酸分子借酯键相连，组成其长链骨架。每个糖分子都与四种碱基里的其中一种相接，这些碱基沿着 DNA 长链所排列而成的序列，可组成遗传密码，是氨基酸序列合成的依据。读取密码的过程称为转录，是根据 DNA 序列复制出一段称为 RNA 的核酸分子。多数 RNA 带有合成蛋白质的信息，另有一些本身就拥有特殊功能，例如 rRNA、 snRNA 与 siRNA。

问题1：DNA 的结构（层次：再现、回忆）

DNA 完全水解后，得到的化学物质是_____。

A. 氨基酸、葡萄糖、含氮碱基

B. 氨基酸、核苷酸、葡萄糖

C. 核糖、含氮碱基、磷酸

D. 脱氧核糖、含氮碱基、磷酸

问题2：DNA 的结构（层次：分析、综合）

形成 DNA 双螺旋结构需要哪几种类型的化学键？请至少写出一定存在的两种：_____

问题3：DNA 的结构（层次：分析、综合）

奥地利生物化学家查加夫在 1948—1952 年 5 年时间内，他利用了更精确的纸层析法分离 4 种碱基，用紫外线吸收光谱做定量分析，经过多次反复实验，终于得出实验结果。实验结果表明，在 DNA 大分子中嘌呤和嘧啶的总分子数量相等，其中腺嘌呤 A 与胸腺嘧啶 T 数量相等，鸟嘌呤 G 与胞嘧啶 C 数量相等。说明 DNA 分子中的碱基 A 与 T、G 与 C 是配对存在的，为探索 DNA 分子结构提供了重要的线索和依据。

某双链 DNA 分子中共有碱基 100 万个，如果 A 占 20%，则 G 的数目为_____。

A. 20 万个　　　B. 30 万个　　　C. 40 万个　　　D. 60 万个

问题4：DNA 的结构（层次：理解、应用）

1953 年，沃森和克里克共同提出了 DNA 分子的双螺旋结构，标志着生物科学的发展进入了分子生物学阶段。DNA 双螺旋结构的提出，开启了分子生物学时代，分子生物学使生物大分子的研究进入一个新的阶段，使遗传的研究深入到分子层次，"生命之谜"被打开，人们清楚地了解遗传信息的构成和传递的途径。

请根据所学的 DNA 结构的知识，阐述 DNA 作为遗传物质所具有的分子结构具有稳定性的特点。

　　该样题考查的是生物学的一个重要概念——DNA。DNA 是遗传物质，科学界一致认为，作为遗传物质必须能够储存各种生命活动的遗传信息，必须能够准确地复制，使亲子代细胞具有同样的信息，必须能够产生变异，否则无法获得适应性，生物也就无法进化。DNA 具有这些特点，是生物的遗传物质，本样题从 DNA 的组成成分以及 DNA 作为遗传物质的结构特点的角度考查对 DNA 概念的理解，同时考查运用 DNA 结构知识解决问题的能力。

知识链接

　　生物体由双亲获得的遗传物质是 DNA。基因是 DNA 中特定的一段，它编码特定蛋白质中的氨基酸序列（一级结构）。确定了蛋白质的一级结构，就确定了该蛋白质的三维结构，因而也就确定了该蛋白质的功能。所以，DNA 是通过蛋白质而控制细胞和整个生物体的。DNA 分子一般都很长，由成千上万个碱基对组成。一个 DNA 分子中含有很多个基因，每个基因的核苷酸序列都是专一的，每个基因由几百或几千个核苷酸组成。基因中的核苷酸专一序列就是一种遗传信息，它负责编码专一蛋白质的一级结构。

　　DNA 分子储存决定物种性状的几乎所有蛋白质和 RNA 分子的全部遗传信息；编码和设计生物有机体在一定的时空中有序地转录基因和表达蛋白完成定向发育的所有程序；初步确定了生物独有的性状和个性以及和环境相互作用时所有的应激反应。除染色体 DNA 外，有极少量结构不同的 DNA 存在于真核细胞的线粒体和叶绿体中。病毒的遗传物质也是 DNA，极少数为 RNA，极其特别的病毒以蛋白质为遗传物质（朊病毒）。

　　DNA 分子是由两条核苷酸链以互补配对原则所构成的双螺旋结构的大分子化合物。单个核苷酸由一个五碳糖连接一个或多个磷酸基团和一个含氮碱基组成。单个核苷酸再以糖—磷酸—糖的共价键形式连接形成 DNA 单链。两条 DNA 单链以互补配对形式，5′端对应 3′端形成 DNA 双螺旋结构。其中两条 DNA 链中对应的碱基 A—T 以双键形式连接，C—G 以三键形式连接，糖—磷酸—糖形成的主链在螺旋外侧，配对碱基在螺旋内侧。螺宽为 2nm。

真核生物的 DNA 以高度有序的形式存在于细胞核内，在细胞周期的大部分时间里以松散的染色质形式出现，在细胞分裂期形成高度致密的染色体。核小体（nucleosome）是染色质的基本组成单位，由 DNA 和五种组蛋白共同构成。先由各两个分子的组蛋白 H2A、H2B、H3 和 H4 形成八聚体的核心组蛋白，之后进一步压缩成染色单体，在核内组装成染色体。

二、PISA 评价的试题结构及评价体系

PISA 的测评设计独具特色，有研究者认为，PISA 科学素养测评的设计具有测评内容贴近生活、测评内容背景宽广、测评问题情境化、测评项目包容性强等特点。

（一）情境

按照 PISA 科学素养界定，PISA 的试题要求在情境中应用科学知识、运用科学能力。这种情境不会局限在学校课堂。PISA 2006 科学评价测试题重点是个体生活情境：家庭和同伴（私人情境）、社区（社会情境）及世界（全球情境）。还有些情境适合特定的主题，如历史性情境，可以测评对科学进步的理解。

表 3-7 列出了在个人、社会和全球背景下运用科学的典型情境，这些典型情境来自各种生活情境，总体上与 PISA 2000 与 PISA 2003 框架科学素养的应用情境一致。

表 3-7 PISA 2006 科学素养评价的典型情境

情境类型 项目描述	个人的	社会的	世界的
健康	例如：生活方式、营养、疾病、运动、个人安全	例如：控制流行性传染病、食物选择、社区卫生、社会治安	例如：传染病的传播
资源	例如：个人对原材料和能源的使用	例如：控制人口数量、生活质量、食物的生产与分配、能源供给	例如：可再生资源和不可再生资源、地球生态系统、人口增长、资源可持续利用
环境	例如：环境意识、环境行为、资源利用	例如：人口分布、处理废弃物、环境质量、当地气候条件	例如：生物多样性、生态可持续性、控制污染、水土流失、土地资源
灾害	例如：自然灾害和人为灾害、住房问题	例如：地震、恶劣天气等灾害，海岸侵蚀、沉降等缓慢渐进变化、灾害评估	例如：气候变化、现代战争对气候的影响
前沿	例如：对科学的敏感度、对科学的兴趣、运动与体育锻炼、音乐、美术	例如：新材料、新能源、转基因食品，新型武器、新技术	例如：濒危物种保护、太空开发、宇宙的起源与进化

在教学评价中，PISA 不是直接评价情境，而是评价相关教学情境下的科学知识、能力（包括批判性思维能力）和态度。PISA 重点选择了个人、家庭、社区、世界生活四个层次上的科学情境，以尽可能准确地评价学生运用从科学课程中获得的科学知识的能力。例如，在一个题

目为"外科手术"的测试题中，PISA 选择了与个人生活实际密切相关的科学情境：首先展示在学生视野中的是一幅外科手术场景的图片（见图 3-6）；接着进行文字描述：外科手术必须依赖一些专门的手术设备和器材，它对一些疾病的治疗是很有用的。在进行手术的时候，医生要使用麻醉剂以使病人感觉不到疼痛。麻醉剂通常是以气体的形式通过盖在鼻子和嘴巴的面罩传输给病人。

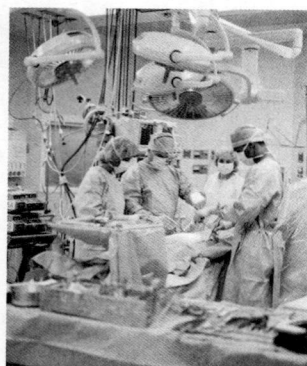

图 3-6　外科手术场景

下面的几个人体系统，哪些参与了麻醉剂气体的运输？请在每个系统的"是"或者"否"上画圆圈（见表 3-8）。

表 3-8　关于人体系统的测试题

该系统是否参与了麻醉剂气体的传输	是或者否
消化系统	是/否
神经系统	是/否
呼吸系统	是/否

该题中 PISA 测试的是人体内气体运输的途径，但是它没有让学生来描述气体运输的途径，而是设置了一个与学生的生活实际密切相关的外科手术的情境，在这样的情境中，学生运用所学的关于气体在体内运输的知识，联系自己的生活实际，做出正确的判断。

因此，PISA 强调的是在真实的情境中对科学知识的理解并能应用科学知识解决实际问题，而不是对科学知识的死记硬背。

因此，我们建议，对于日常生活中复杂的科学情境要"允许"或"应该"在原理上做适当的简化和近似处理，以突出科学知识的真正价值。例如，在"蛋白质"结构的评价中，总是苦于没有直观的、与学生生活实际紧密联系的情境。实际上，众所周知的蜘蛛网由蜘蛛丝组成，而构成蜘蛛丝的则是很长的纤维状蛋白，我们肉眼可见的蜘蛛丝是多个

蛋白质纤维的 β-折叠结构通过堆垛形成的区域。但是，由于蜘蛛丝的构成复杂，我们不善于将日常生活中复杂的科学问题简单化。

样题 3：蝗灾（本样题由大兴教研中心桂登兰设计底题）

图 3-7　蝗灾

　　蝗灾，是指蝗虫引起的灾变（见图 3-7）。一旦发生蝗灾，大量的蝗虫会吞食禾田，使农产品完全遭到破坏，引发严重的经济损失以致因粮食短缺而发生饥荒。蝗虫的一生是从受精卵开始的。刚由受精卵孵出的幼虫没有翅，能够跳跃，叫做"跳蝻"。跳蝻的形态和生活习性与成虫相似，只是身体较小，生殖器官没有发育成熟，这种形态的昆虫又叫"若虫"。若虫逐渐长大，当受到外骨骼的限制不能再长大时，就脱掉原来的外骨骼，这叫蜕皮。若虫一生要蜕皮 5 次。由卵孵化到第一次蜕皮，是 1 龄，以后每蜕皮一次，增加 1 龄。3 龄以后，翅芽显著。5 龄以后，变成能飞的成虫。可见，蝗虫的个体发育过程要经过卵、若虫、成虫三个时期，像这样的发育过程，叫做不完全变态。昆虫由受精卵发育到成虫，并且能够产生后代的整个个体发育史，称为一个世代。蝗虫在我国有的地区一年能够发生夏蝗和秋蝗两代，因此有两个世代。

　　干旱使蝗虫大量繁殖，迅速生长。在干旱年份，河、湖水面缩小，低洼地裸露，为蝗虫提供了更多适合产卵的场所。一方面，干旱环境生长的植物含水量较低，蝗虫以此为食，生长得较快，而且生殖力较高。另一方面，在干旱年份，由于水位下降，土壤变得比较坚实，含水量降低，且地面植被稀疏，蝗虫产卵数大为增加。

问题1：蝗灾（层次：分析、综合）

请你从生活环境和蝗虫的生活习性方面说明蝗灾产生的原因。

问题2：蝗灾（层次：再现、回忆）

蝗虫多的时候每平方米土中产卵可达 4 000～5 000 个卵块，每个卵块中有 50～80 粒卵，请问每平方米有_____卵？

A. 6 万～10 万粒

B. 20 万～40 万粒

C. 50 万～80 万粒

D. 100 万～200 万粒

问题3：蝗虫的口器为咀嚼式（见图 3-8），这种口器在组成上的_____特点使其取食快速且具有毁灭性？（层次：分析、综合）

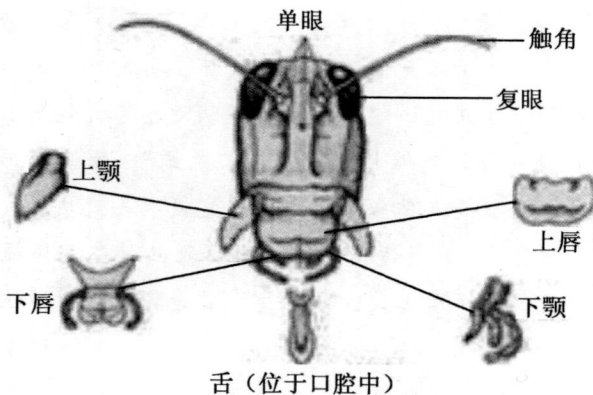

图 3-8 蝗虫口器模式图

A. 由上唇、下唇、舌各 1 片，上颚、下颚各 2 个组成

B. 喙：下唇延长形成，用于保护口针，通常分为 3 节；
   口针：上颚与下颚分别特化为 4 条细长的口针

C. 除大颚可用作咀嚼或塑蜡外，中舌、小颚外叶和下唇须合并

构成复杂的食物管，借以吸食花蜜

D. 上唇不发达；上颚延长呈镰刀状，其腹面纵凹，下颚的外颚叶相应延长紧贴在上颚内侧形成食物道；下颚的轴节、茎节及下唇不发达，下颚须消失，但下唇须则较发达

　　该样题的情境属于自然灾害类，对蝗灾这种自然灾害学生并不陌生。新疆塔城发生的中偏重度蝗灾，危害面积达150万亩。蝗虫在其生活史早期是孤立的、没有翅的"若虫"，它们倾向于相互避开。当蝗虫后腿的某个部位受刺激之后，它们就会突然变得喜爱群居。供食用的植被不充分，资源变得缺乏，它们就被迫相互影响。然后，它们可以组成有秩序的本地蝗群。这种蝗群有能力统一行动，进入近邻的栖息地，并让越来越多的蝗虫加入进来，最终成为了巨大的蝗群。当蝗群处于这个密度的时候，蝗虫会排列成行，开始朝同一个方向前进。在这个定义密度上，蝗群容易越过"引爆点"，从而触发蝗灾。本样题在蝗灾的情境下，考查运用蝗虫生活习性及身体结构的特点分析和解释情境中蝗灾发生原因的能力。

样题4：青春期

　　青春期是人体生长发育较快的时期，在这一时期内人体在身高和体重等方面会发生显著的变化。此外，不同性别的个体会出现相应的第二性征，即男性个体的喉结会突出、声调变得低沉等；女性个体的骨盆变得宽大、声调变得高细等等。这些特点与其体内相应的性激素含量变化有关。

　　在我国，人体这一时期主要处于从小学到高中教育阶段。图3-9和图3-10分别为小学至高中阶段男女学生身高和体重的曲线图。

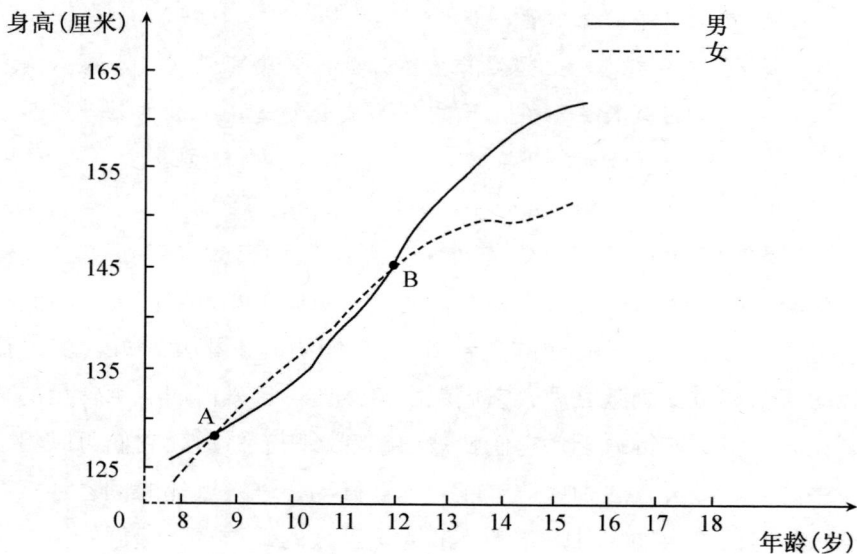

图 3-9　小学至高中阶段男女学生身高曲线图

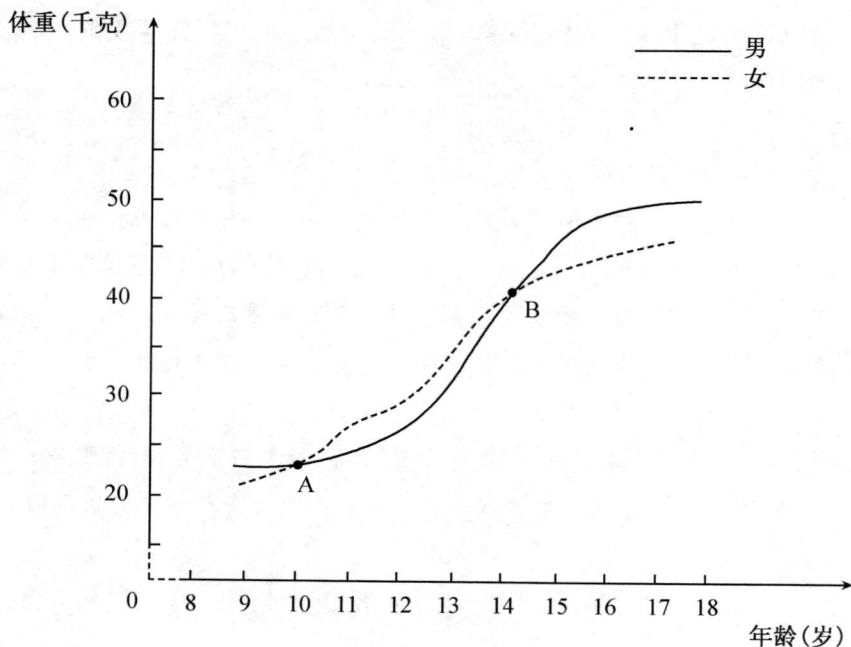

图 3-10　小学至高中阶段男女学生体重曲线图

请回答下列问题：

问题 1：青春期（层次：再现、回忆）

根据上述文字材料和曲线所示含义，请就下列各项陈述，圈出"是"或"否"（见表 3-9）。

表 3-9 关于青春期的测试题（1）

A. 青春期身高增长	是/否
B. 青春期体重增加	是/否
C. 青春期的男生（或女生）不会出现相应性别的第二性征	是/否

问题 2：青春期（层次：分析、综合）

根据上述曲线分析判断，圈出"是"或"否"（见表 3-10）。

表 3-10 关于青春期的测试题（2）

A. 在男女学生身高的曲线图中，交叉点 A 和 B 说明：在相对应的年龄时期男生和女生的平均身高相等	是/否
B. 9～12 岁，女生的平均身高高于同龄男生的平均身高	是/否
C. 12 岁以后，女生的平均身高超过同龄男生的平均身高	是/否

问题 3：青春期（层次：理解、应用）

请就下列各项陈述，圈出"是"或"否"（见表 3-11）。

表 3-11 关于青春期的测试题（3）

A. 由于青春期人体生长发育较快，应注重营养物质种类和数量的摄取，做到膳食平衡	是/否
B. 青春期出现了第二性征，说明人体内相应性激素的含量有明显增加	是/否
C. 青春期加强体育锻炼无助于长骨结构的改善和其功能的加强	是/否

该样题选择的情境是关于个人健康。通过情境中对青春期的描述，考查运用青春期的生理特点分析和解释青春期的种种外在表现的能力，同时考查应用青春期生长发育的特点做出正确判断的能力，如青春期加强体育锻炼对长骨的发育有积极的促进作用等。

知识链接

青春期是从童年到成年的过渡阶段，是生殖器官开始发育到成熟的阶段。人体发育的各个时期中，青春期的开始年龄、发育速度、成熟年龄等，每个人之间存在较大的差异。就开始年龄来说，男孩一般比女孩晚两年。初高中学生一般进入了青春期。对于每个人来说，青春期是生长发育的重要时期。

（1）青春期的形态、功能发育

人体进入青春期，由于神经系统和激素的调节作用，人体的形态和功能都发生了显著变化。

形态发育特点：身高和体重迅速增长。

在生长激素的作用下，身高增长突出，主要是下肢骨的增长；体重显著增加，是由于骨骼和肌肉的迅速增长及其他组织、器官生长的结果。

功能发育特点：大脑皮层内部结构和功能更加复杂和完善；心脏心肌增厚而重量增加。每搏输出量增加；肺活量增大。

（2）性发育特点

性发育和性成熟是青春期的突出特征。性器官在垂体分泌的促性腺素作用下迅速发育。性器官分泌的性激素，可以促进性器官的发育和促进第二性征的出现。

第二性征是指除了性器官以外的男女性各自所特有的征象，也叫副性征。男性的第二性征表现在胡须、腋毛等毛发的生长，喉结突出，声音变粗、声调低；女性的第二性征表现有骨盆宽大、乳房增大、声调较高。

青春期是儿童向成人过渡的中间阶段，有人把它称为"人生历程的十字路口"，它既与儿童有别，又与成人不同。贯穿青春期的最大特征是性发育的开始并逐步完成，与此同时男女青年在心理方面的最大变化，也反映在性心理领域。他们对性的意识，由不自觉到自觉；对性对象，由同性转为异性；对异性的兴趣，由反感→爱慕→初恋……几乎是每个人必经的历程。

但由于在整个青春期中，青年人的情绪多动摇不定，容易变化，如果不注意及时引导，常可使某些青年滋长不健康的性心理，以致早恋早婚、荒废学业，有的甚至触犯刑法，走上犯罪的道路。因此，不论青年本人、家长或老师，均应对青春期的性心理变化有一定了解，才会培养出不仅体质健美而且有健康心理的青年一代。

（二）问题

PISA 的测试题一般是一个情境下多个问题，问题一般采取多项选择的形式，有时也会有较短的建构性回答，或开放式建构性回答等形式，在有些情况下，也会要求被试者对图画、图解或图表进行分析和评价。

样题 5：白发与癌症（本样题由北京燕山教研中心徐国艳设计底题）

据《每日邮报》报道，日本金泽大学的研究人员发现，毛囊和人类的 DNA 一样，会受到"外在压力"的破坏。当压力过大时，毛囊中分化为黑素细胞的干细胞就会死亡，头发就会失去乌黑亮丽的风采。

主导该项研究的西村清彦教授说："细胞内的 DNA 会受到外在条件不断的攻击和破坏，如诱导突变的化学物质、紫外线和辐射等。哺乳动物体内的单个细胞每天大约会遭遇 10 万次的 DNA 破坏事件。如果干细胞分裂过程中出现基因损坏，色素制造的功能就会受到影响，从而导致白头发的生成。"

这项研究的另一成员、哈佛大学皮肤科的主任戴维·费希尔指出，白发的生成其实是身体的一项自我保护的机制。长白头发表明生成黑色素的干细胞的基因遭到了破坏，并且被清除了。如果这些被破坏了的干细胞没有被清除的话，就会疯狂复制从而形成癌细胞。也就是说，同等压力下，头发变白的人更不易患上癌症。戴维教授同时表示，这项研究的结论并不仅限于此，其他功能的干细胞群的"死亡"或"过早分化"也可能是在帮助身体抵御癌症。

问题1：白发与癌症（层次：再现、回忆）

人体的DNA主要分布在_____。

A. 细胞质　　　　B. 细胞核　　　　C. 液泡　　　　D. 细胞膜

问题2：白发与癌症（层次：分析、综合）

图3-11是形成正常的黑色头发的过程。根据题干中提供的信息，分析下列哪个环节的基因损坏，会导致白头发的生成？_____

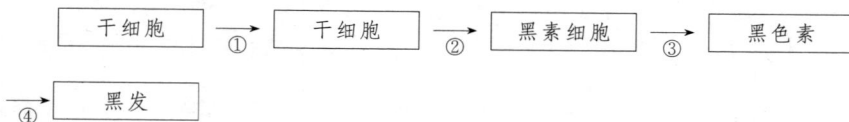

图3-11　黑发形成的过程

A. ①　　　　B. ②　　　　C. ③　　　　D. ④

问题3：白发与癌症（层次：分析、综合）

在外在压力或诱导突变的化学物质、紫外线和辐射等的作用下，会使分裂中的干细胞的基因遭到破坏，人体必须及时清除这些被破坏的细胞，以避免形成癌症。人体清除的是图3-11中哪个阶段的细胞？_____

A. ①过程之前的细胞　　　　B. ①过程之后的细胞

C. ②过程之后的细胞　　　　D. ③过程之后的细胞

问题4：白发与癌症（层次：分析、综合）

图3-11中过程①是细胞的_____，过程②是细胞的_____。

A. 分裂　　　　B. 分化　　　　C. 衰老

D. 癌变　　　　E. 生长

问题5：白发与癌症（层次：理解、应用）

治疗癌症的方法有"切（切除癌）、烧（高能射线照射——放疗）、毒（施用药物——化疗）"。烧和毒并不是杀死癌细胞，而是抑

制癌细胞的某种活动，抑制的是癌细胞的什么生命活动？_____

A. 分裂　　　　B. 分化　　　　C. 生长　　　　D. 衰老

该样题的 4 个问题都是以选择题的形式呈现的。问题 1、2、3、5 都是单项选择，问题 4 是多项选择。除了选择题的形式外，PISA 还可以采取简答、分析图表、画图等形式（如样题 8）。

样题 6：多莉的前生后世（本样题由北京燕山教研中心徐国艳设计底题）

1997 年 2 月 27 日的英国《自然》杂志报道了一项震惊世界的研究成果：1996 年 7 月 5 日，英国爱丁堡罗斯林研究所（Roslin）的伊恩·维尔穆特（Wilmut）领导的一个科研小组，利用克隆技术培育出一只小母羊。这是世界上第一只用已经分化的成熟的体细胞（乳腺细胞）克隆出的羊。图 3-12 是克隆羊多莉的诞生过程：

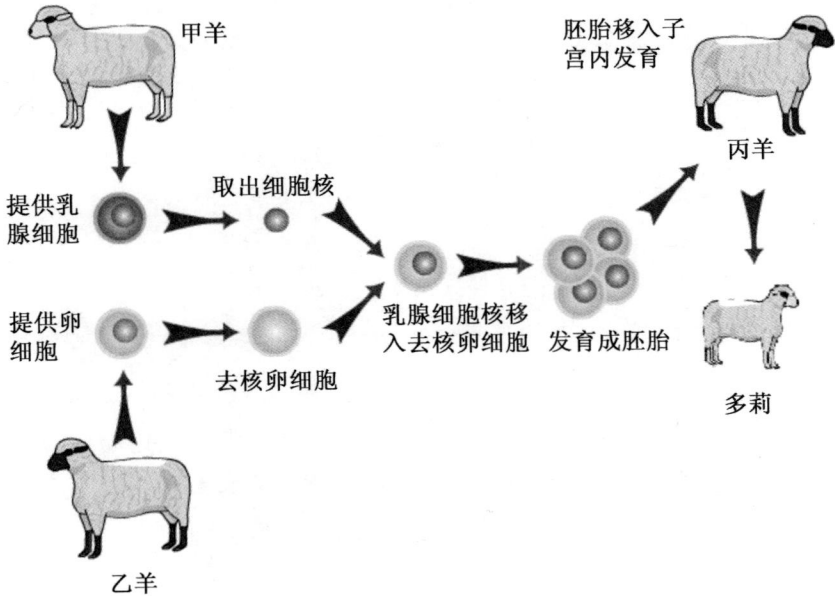

图 3-12　克隆羊多莉的诞生过程

1998 年和 1999 年是多莉最幸福的两年，它不仅继续享受作为首只克隆羊应享有的超级待遇，还与一只名叫戴维的威尔士山羊"喜结良缘"，于 1998 年 4 月 13 日凌晨 4 时生下一只雌性的体重 2.7 千克的小羊羔，取名"邦妮"。1999 年，多莉一家又迎来了 3 个可爱的羊宝宝。那时，已经是 4 个孩子母亲的多莉显得富态而慈祥。

幸福生活刚刚开始，糟糕的消息便传来：罗斯林研究所的科学家 1999 年宣布，他们发现多莉体内细胞开始显露老年动物所特有的征候。论自然年龄，多莉当时刚刚三四岁，尚在"而立之年"。在对多莉实施安乐死之前，多莉已经不停地咳嗽了一个多星期。2003 年 2 月 14 日，经兽医诊断，多莉患有严重的进行性肺病，生命危在旦夕。鉴于这种情况，研究所决定为多莉实施"安乐死"。他们实在不忍眼睁睁地看着多莉郁郁而终，希望这只曾经享受过生命的快乐，并且为全世界带来过无数惊喜的可爱的小绵羊，平静安详地离去。

一般情况下，绵羊的寿命可以长达 12 年，从理论上讲克隆羊多莉只活到了普通羊寿命的一半，但是它已经患多种慢性疾病，包括风湿、早衰以及逐渐恶化的肺病。

问题 1：多莉的前生后世（层次：再现、回忆）

图 3-12 中乙羊去核后的卵细胞剩下的结构有＿＿＿＿＿＿＿。

A. 细胞壁   B. 细胞膜

C. 细胞质   D. 液泡

问题 2：多莉的前生后世（层次：分析、综合）

从甲羊的乳腺细胞中取出细胞核后注入到去核后的乙羊卵细胞内新形成的卵细胞必须经过＿＿＿＿＿＿＿变化才能发育成胚胎？

A. 细胞的分裂   B. 细胞的生长

C. 细胞的分化   D. 细胞的衰老

问题 3：多莉的前生后世（层次：再现、回忆）

多莉长得像＿＿＿＿＿＿＿？

A. 甲羊   B. 乙羊   C. 丙羊

原因是＿＿＿＿＿＿＿＿＿＿＿＿＿＿＿＿＿＿＿＿＿＿＿＿＿＿＿＿＿＿＿＿＿。

问题4：多莉的前生后世（层次：分析、综合）

"多莉"引起轰动的原因是产生多莉过程的生殖方式是_____。

A. 无性生殖 B. 有性生殖

判断的依据是_____

_____。

问题5：多莉的前生后世（层次：理解、应用）

根据题中信息推测多莉早衰的原因：

_____

_____。

该样题的问题1是多项选择题，正确答案为 B 和 C。问题2也是一个多项选择题，A 和 C 为正确答案。问题3要求被试者首先答出多莉长得像谁？答案为 A，然后简要分析选择 A 的原因：甲羊提供的是细胞核，细胞核中含有遗传物质，对生物的遗传变异起着控制作用。问题4要求被试者首先判断产生多莉过程的生殖方式，然后回答出得出此判断的依据：多莉的产生过程没有精子和卵细胞的结合过程。问题5是理解、应用层面的问题，要求依据情境中给出的信息，分析多莉早衰的原因：生命的长短取决于染色体分裂的次数，多莉羊之所以6岁多就出现早衰症状，那是因为它的遗传物质取自一头六岁的绵羊。按普通绵羊十一二岁的寿命，这头绵羊体细胞中的染色体已经分裂了六年，因此，它们在多莉羊体内当然也只能再持续分裂六七年。

╭─────────╮
│ **知识链接** │
╰─────────╯

"克隆"一词是英文单词"clone"的音译，原意是指幼苗或嫩枝，以无性繁殖或营养繁殖的方式培育植物，如扦插和嫁接。美国著名科学家卡斯说："克隆与人工诱导下的无性繁殖是同义语。"

可以这样说，克隆是由一个细胞在人工诱导下，形成遗传上相同的个体群或细胞群。在现代生物学背景下，克隆通常包括了体细胞核移植。在体细胞核移植中，卵母细胞核被除去，取而代之的是从被克隆生物体细胞中取出的细胞核，通常卵母细胞和它移入的细胞核均应来自同一物种。由于细胞核几乎含有生命的全部遗传信息，宿主卵母细胞将发育成为在遗传上与核供体相同的生物体。线粒体DNA这里虽然没有被移植，但相对来讲线粒体DNA还是很少的，通常可以忽略其对生物体的影响。

克隆在园艺学上是指通过营养生殖产生的单一植株的后代。很多植物都是通过克隆这样的无性生殖方式从单一植株获得大量的子代个体。古代神话里孙悟空用自己的汗毛变成无数个小孙悟空的离奇故事，表达了人类对复制自身的幻想。1938年，德国科学家首次提出了哺乳动物克隆的思想，1996年，体细胞克隆羊"多莉"出世后，克隆迅速成为世人关注的焦点。随后牛、鼠、猪乃至猴这种与人类生物特征最为相近的灵长类动物陆续被克隆成功，克隆人已经不是科幻小说里的梦想，而是呼之欲出的现实。由于克隆人可能带来复杂的后果，一些生物技术发达的国家，现在大都对此采取明令禁止或者严加限制的态度。克林顿说："通过这种技术来复制人类，是危险的，应该被杜绝！"全国政协委员、中国科学院国家基因研究中心主任洪国藩也明确表示反对进行克隆人的研究，而主张把克隆技术和克隆人区别开来。

（三）赋分

虽然大多数测试题是采取二分法来评分，但是有些选择题和开放式回答测试题将允许部分得分。每种测试题有详细计分标准，分别为"满分"、"部分得分"和"不得分"。按照"满分"、"部分得分"和"不得分"可以把被试者答题能力分成三组；"满分"答案不一定"在科学上绝对正确"，但能反映出被试者理解科学知识的水平。不详细或不太正确回答能"部分得分"，而完全不正确、不相关或空白回答将是"不得分"。

与综合评分一样，PISA将记录每道题的回答。每个错误回答都对应特定的错误观念。

样题 7：造血干细胞（本样题由平谷教研中心安淑荣设计底题）

造血干细胞（见图 3-13）是所有造血细胞和免疫细胞的起源细胞，具有自我更新、多向分化和定向迁移至造血组织器官的潜能。造血干细胞主要存在于骨髓、外周血、脐带血中，它不仅可以分化为红细胞、白细胞和血小板，还可分化为各种组织器官的细胞，因此是多能干细胞。造血干细胞移植治疗某些恶性和非恶性血液疾病，可以达到临床痊愈，已实施的造血干细胞移植手术中，成功率在百分之七十以上。

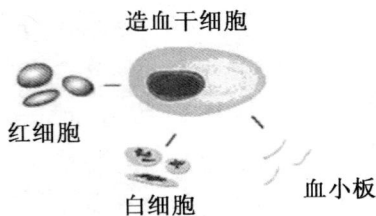

图 3-13　造血干细胞

问题 1：造血干细胞（层次：再现、回忆）

造血干细胞分化形成各种血细胞的表现是_____。

A. 细胞形态上的差别和功能差别

B. 细胞数量的增多

C. 细胞种类的增多

D. 细胞数量的增多和细胞种类的增多

满分：

答案为：A 和 C

部分得分：

答案为 A 或者答案为 C

不得分：

其他答案或者未作答

选择 B 或者 D 表示被试者混淆了细胞分裂与分化的概念。细胞分裂的表现是细胞数量的增多，而细胞分化不会增加细胞的数量，只能增加细胞的种类，并且使细胞表现出形态上的差别和功能上的差别。

问题 2：造血干细胞（层次：分析、综合）

造血干细胞分化的结果是_____。

A. 增加细胞数量，补充衰老和死亡的细胞

B. 增加细胞种类，形成不同的细胞、组织和器官

C. 增加细胞数量，形成不同的组织和器官

D. 增加细胞种类，补充衰老和死亡的细胞

满分：

答案为 B

不得分：

其他答案或者未作答

选择 A、C 或者 D 表示不清楚细胞分裂和细胞分化的区别。

问题 3：造血干细胞（层次：分析、综合）

造血干细胞分化的直接产物是_____。

A. 蛋白质　　　　　　　　　B. mRNA

C. 特异性蛋白质　　　　　　D. 特异性酶

满分：

答案为 C

不得分：

其他答案或者未作答

选择 A、B 或者 D 表示不清楚造血干细胞分化的直接产物是什么。

问题 4：造血干细胞（层次：分析、综合）

各类血细胞均来自于造血干细胞，但它们的功能各不相同，原因是_____。

A. 在个体发育的不同时期，细胞内的遗传物质发生了变化

B. 原癌基因的激活

C. 转录的 mRNA 不同，翻译成的蛋白质不同

D. 造血干细胞含全套基因，但表达的基因不同

满分：

答案为 C 和 D

部分得分：

答案为 C 或者 D

不得分：

其他答案或者未作答

选择 A 表示不理解分化的根本原因是什么；选择 B 表示不明白分化的直接原因是什么。

问题 5：造血干细胞（层次：理解、应用）

骨髓移植是目前治疗白血病的有效方法。下列有关叙述，不正确的是_____。

A. 利用造血干细胞治疗某些顽疾，是因为干细胞具有分化为各种组织、器官的潜能

B. 骨髓捐献者提供的有效成分是造血干细胞

C. 用骨髓移植法治疗白血病的优点之一是不发生排斥（异）反应

D. 异体骨髓移植成功后，康复者的血型有可能发生改变

满分：

答案为 C

不得分：

其他答案或者未作答

选择 A 表示不清楚干细胞的生理特性；选择 B 表示不清楚骨髓中血细胞的成分；选择 D 表示不清楚造血干细胞分化出的红细胞上有凝集原，其决定血型。

知识链接

造血干细胞（hemopoietic stem cell）又称多能干细胞。是存在于造血组织中的一群原始造血细胞。在一般情况下，特别对高等动物而言，随着胚胎发育，细胞逐渐丧失了发育成为个体的能力。仅有少数细胞依然具有分化成其他细胞类型和构建组织与器官的能力，这类细胞称为干细胞。如小鼠胚胎发育至囊胚期时，其原始的内层细胞仍然具有分化成各类组织细胞类型的潜能，该层细胞称为胚胎干细胞，属于多潜能干细胞。

相对于多潜能干细胞，受精卵和早期卵裂球细胞称为全能干细胞。成体组织中也存在具有分化成某些细胞类型能力的细胞，把它们总称为组织干细胞。造血干细胞就属于组织干细胞。造血干细胞定向分化、增殖为不同的血细胞系，并进一步生成血细胞。

人类造血干细胞首先出现于胚龄第 2～3 周的卵黄囊，在胚胎早期（第 2～3 个月）迁至肝、脾，第 5 个月又从肝、脾迁至骨髓。在胚胎末期一直到出生后，骨髓成为造血干细胞的主要来源。具有多潜能性，即具有自身复制和分化两种功能。在胚胎和迅速再生的骨髓中，造血干细胞多处于增殖周期之中；而在正常骨髓中，则多数处于静止期（G0 期），当机体需要时，其中一部分分化成熟，另一部分进行分化增殖，以维持造血干细胞的数量相对稳定。造血干细胞进一步分化发育成不同血细胞系的定向干细胞。定向干细胞多数处于增殖周期之中，并进一步分化为各系统的血细胞系，如红细胞系、粒细胞系、单核-吞噬细胞系、巨核细胞系以及淋巴细胞系。由造血干细胞分化出来的淋巴细胞有两个发育途径，一个受胸腺的作用，在胸腺素的催化下分化成熟为胸腺依赖性淋巴细胞，即 T 细胞；另一个不受胸腺，而受腔上囊（鸟类）或类囊器官（哺乳动物）的影响，分化成熟为囊依赖性淋巴细胞或骨髓依赖性淋巴细胞，即 B 细胞。并分别由 T、B 细胞引起细胞免疫及体液免疫。如机体内造血干细胞缺陷，则可引起严重的免疫缺陷病。

1957 年，美国华盛顿大学多纳尔·托马斯发现正常人的骨髓移植到病人体内，可以治疗造血功能障碍。这一技术的发现，使多纳尔·托马斯本人荣获了诺贝尔奖。

这一技术很快得到全世界的认可，并已成为根治白血病等血液病的主要手段。造血干细胞移植技术的发现和应用为人类战胜疾病带来新的希望。

样题 8：裂殖酵母（本样题由平谷教研中心安淑荣设计底题）

裂殖酵母基因组含有 3 条体型较大的染色体，是一种经常被用来进行细胞周期研究的单倍体、单细胞低等真核生物。裂殖酵母具有典型的真核生物的细胞周期，如图 3-14 所示。在基本或复合培养基中其世代时间为 2～4 小时。

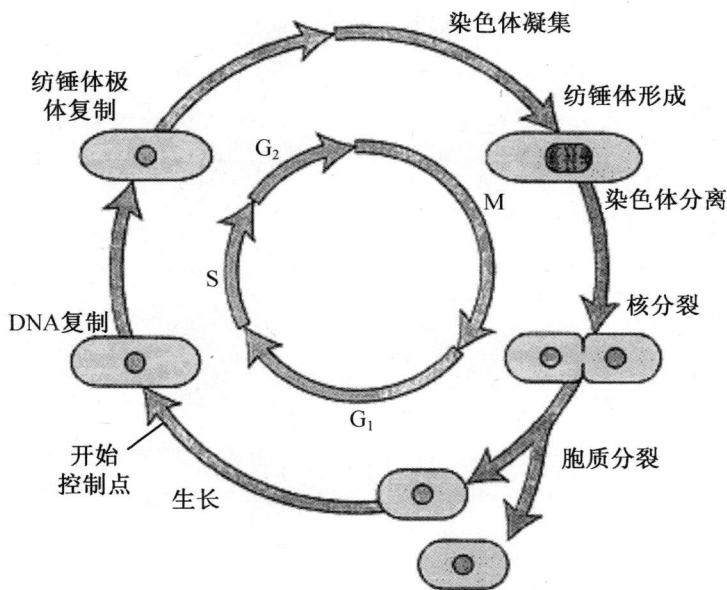

图 3-14 裂殖酵母的细胞周期

问题1：裂殖酵母（层次：再现、回忆）

细胞周期是指_____。

A. M 期＋G_1＋S＋G_2 期

B. G_2＋M＋G_1＋S

C. S＋G_2＋G_1＋M 期

D. G_1＋S＋G_2 期＋M 期

满分：

答案为 D

不得分：

其他答案或者未作答

选择 A、B 或者 C 表示不清楚细胞周期的起点和终点。

问题2：裂殖酵母（层次：分析、综合）

细胞通过 G_1/S 期限制点时_____。

A. DNA 开始复制　　　　　　B. RNA 开始转录

C. 蛋白质开始合成　　　　　D. 都不对

满分：

答案为 A

不得分：

其他答案或者未作答

选择 B、C 或者 D 表示看不懂图，或不能从图中获取信息。

问题3：裂殖酵母（层次：分析、综合）

下列关于裂殖酵母一个细胞周期中染色体变化情况，正确的是_____。

①染色质→染色体　②染色体→染色质　③染色体复制　④姐妹染色单体分开，染色体数目加倍　⑤染色体着丝点排列在赤道板上

A.①②③④⑤　　　　　　B.③①⑤④②

C.②③⑤④①　　　　　　D.④③⑤②①

满分：

答案为 B

不得分：

其他答案或者未作答

选择 A、C 或者 D 表示不清楚在一个细胞周期中染色体的变化过程。

问题 4：裂殖酵母（层次：分析、综合）

表 3-12 为裂殖酵母进行有丝分裂时，细胞核中的 DNA、染色单体、染色体在各期中的变化数据，请依据数据分析：

表 3-12　裂殖酵母有丝分裂期数据

组号	间期	前期	中期	后期	末期
A	3	3	3	6	3
B	3—6	6	6	6	3
C	0—6	6	6	0	0

_____组为 DNA 的变化数据，_____组为染色单体的变化数据，_____组为染色体的变化数据。

满分：

答案为 BCA

部分得分：

答案为 BAC 或 ACB 或 CBA

不得分：

其他答案或者未作答

第一个空填 A 或者 C 表示不清楚 DNA 在细胞周期中各个阶段的

复制规律；第二个空填 A 或者 B 表示不清楚染色单体在细胞周期中存在的情况；第三个空填 B 或者 C 表示不清楚在细胞周期中染色体的数量变化。

问题 5：裂殖酵母（层次：理解、应用）

在裂殖酵母进行有丝分裂的过程中，使用＿＿＿＿药物可以抑制纺锤体的形成。

A. 羟基脲　　　　　　　　　B. 紫杉酚

C. 秋水仙素　　　　　　　　D. 生长素

满分：

答案为 C

不得分：

其他答案或者未作答

选择 A、B 或者 D 表示对羟基脲、紫杉酚、生长素的生理作用不清楚。

知识链接

裂殖酵母属于子囊菌亚门、酵母科中的裂殖酵母亚科。细胞为椭圆形或圆柱形。无性繁殖为分裂繁殖。有时形成假菌丝。有性繁殖时营养细胞结合形成子囊，子囊内有 1～4 个或 8 个子囊孢子。子囊孢子是球形或卵圆形，具有酒精发酵的能力，不同化硝酸盐。八孢裂殖酵母是这一属的重要菌种。无性繁殖为裂殖，麦芽汁，25℃，培养 3 天，液面无菌醭，液清，菌体沉于管底。在麦芽汁琼脂培养基上菌落为乳白色，无光泽，曾经从蜂蜜、粗制蔗糖和水果上分离到（见图 3-15）。

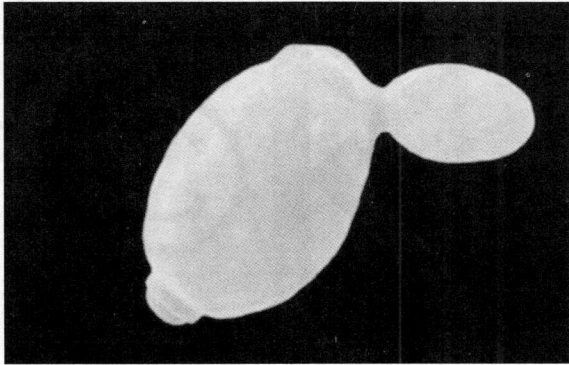

图 3-15　裂殖酵母

三、生物教师学科知识结构评价体系的构建

　　根据上述对生物教师学科知识结构特点的分析，笔者认为，评价中学生物教师学科知识结构的框架应如表 3-13 所示。评价的维度有三个，一个是生物教师必要的学科基础知识和基本技能，另一个是学科特有的视角、方法与核心概念，最后一个是统摄学科内容的学科观念。

　　关于生物教师必要的学科基础知识主要从学科知识的基本结构角度入手，综合分析了能胜任中学生物教学的教师应该具备哪些学科专业知识。必要的基础知识确定的在中学阶段的关键表现领域是生命的结构、生命的延续、生命的能量、生命的调节。确定的依据为：人类对生命现象的认识过程，是由整体到部分、由宏观到微观、由个体到群体、由现象到本质。人们对生命认识的深入，表现为对生命的多层次结构的研究。作为完整、统一的生命体，生物个体具有人们熟知的全部直观的生命特征，是人类进行生命研究的基础层次。除了原始的生物以外，地球上的所有生物体都具有机能结构的一致性，即都是由细胞构成的（病毒除外）。随着细胞的发现、深入观察和研究，人们了解到细胞是生命的结构基础，也是生命的最小功能单位。因此，可以将"生命的结构"提炼为学科知识的观测点。

这样的结构之所以能够在自然界中生存，是经过不断演化、繁衍、绝灭与复苏，才形成今天这一千姿百态、繁花似锦的生物界。因此，可以将"生命的延续"提炼为学科知识的观测点。

在整个生命活动过程中，时时刻刻伴随着能量的流动，没有能量的流动就没有生命活动的正常进行，因此提炼"生命的能量"为学科知识的观测点。

上述前三个关键表现领域之间依靠"调节"和"适应"联系起来。如图 3-16 所示。

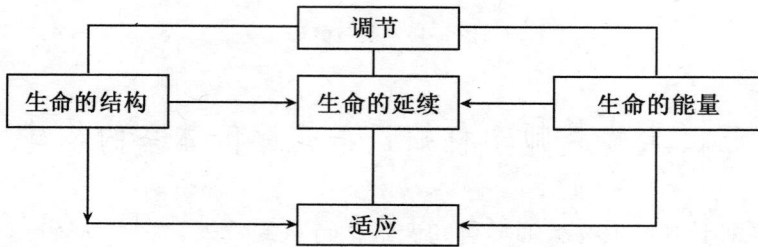

图 3-16　生命三个关键表现领域之间的联系

关于生物教师学科基本技能主要指生物学实验技能，包括了设计生物学实验的能力、进行生物学实验操作的能力、分析生物学实验现象与实验结果的能力。

关于学科核心概念及统摄学科内容的学科观念，在前面的生物教师学科知识结构模型中已经进行了叙述，在这里不再赘述。关于学科特有的方法应该说是生物实验方法，关于这个问题将在第五章进行叙述。

在具体观测点的选择上既考虑到了现代生物学的知识体系，又考虑到了中学生物教学的相关内容，从生物学核心要素入手来确定观测点。力图通过测试教师对这些方面的掌握程度来诊断教师的学科知识结构（见表 3-13）。

表 3-13　生物教师学科知识结构评价框架

维度	关键表现领域	主要观测点	举例	样题	层次		
					再现、回忆	分析、综合	理解、应用
必要的学科基础知识与基本技能	必要的学科基础知识	生命的结构	生物大分子的特征、细胞的结构与功能、生物个体的结构层次、生命的整体性	蜘蛛丝的构成	问题 1	问题 2、问题 3	问题 4
		生命的延续	生命的起源、遗传、变异、进化				
		生命的能量	生命活动中的能量、个体、群体中的能量流动				
	学科基本技能	生物学实验技能：实验设计、实验操作、实验分析	设计生物学实验的能力、进行生物学实验操作的能力、分析生物学实验现象与实验结果的能力				

维度	关键表现领域	主要观测点	举例	样题	层次		
					再现、回忆	分析、综合	理解、应用
学科的视角、方法与核心概念	学科视角、方法	调节	动物、植物和人体生命活动的调节、种群、群落和生态系统的调节				
		适应	生命的稳态、生命与环境的关系				
		学科特有的方法	生物学实验方法				
	核心概念	构成学科基本框架的概念	细胞、生物体、生态系统				
		对继续学习起支持作用的概念	植物、动物、生命活动的调节				
		具有思维训练价值的概念	个体的稳定性、应激反应				
统摄学科内容的学科观念	学科观念	进化的观念	生物的进化现象				
		稳态的观念	生命系统的相对稳定				
		统一性的观念	结构与功能相适应，生物与环境相适应	红细胞生理	问题1	问题3、问题4	问题2
		层次性的观念	生物体的结构层次				

下面以两个样题来说明教师学科知识结构的测试。

样题 9：蜘蛛丝的构成

图 3-17　蜘蛛丝

图 3-17 所示蜘蛛在空中结网。众所周知蜘蛛网由蜘蛛丝组成，而构成蜘蛛丝的则是很长的纤维状蛋白。我们肉眼可见的蜘蛛丝实际上是由数量很多的蛋白质组成，其中非常重要的一种结构组成称做"β晶体"。"β晶体"是多个蛋白质纤维的β-折叠结构通过堆垛形成的区域。

问题 1：蜘蛛丝的构成（层次：再现、回忆）

β-折叠属于蛋白质的_____级结构？

A. 一　　　　　　　　　　B. 二

C. 三　　　　　　　　　　D. 四

问题 2：蜘蛛丝的构成（层次：分析、综合）

形成"β晶体"的结构需要哪几种类型的相互作用？请写出至少一定存在的两种：

_____

问题 3：蜘蛛丝的构成（层次：分析、综合）

形成肉眼可见的蜘蛛丝至少涉及蛋白质的_____级结构？

A. 一   B. 二

C. 三   D. 四

问题4：蜘蛛丝的构成（层次：理解、应用）

β-折叠的堆积与稳定性应该是影响蛋白质硬度的一个主要因素，那么"β晶体"的区域越多，蜘蛛丝应该表现出_____的物理性质。

A. 强度越大   B. 耐高温

C. 强度越小   D. 不确定

　　该样题在生物教师知识结构评价框架中处于必要的基础知识关键表现领域、生命的结构观测点。蛋白质是生命活动的主要承担者，是隶属于"生命的结构"下的一个核心概念，对这个概念的理解包括了其内涵部分：蛋白质本身所具有的复杂结构层次和与其相适应的多样的生理功能；还应包括其外延内容：蛋白质作为有机高分子化合物，是重要的生命物质。只有这样才能真正理解和全面认识蛋白质的本质特征，才能真正体会：蛋白质是生命活动的主要承担者的含义。该题的问题1属于概念的再现、回忆层次，也是回答后面几个问题的基础。问题2和问题3需要在问题1的基础上进行综合、分析，确定蛋白质的分级结构。问题4属于理解、应用层次，在已经建立的蛋白质层级结构概念的基础上，理解蜘蛛丝蛋白的物理性质。

　　可见，该样题在蜘蛛丝这个具体情境下，考查教师对生命活动的主要承担者——蛋白质概念的理解和应用。

知识链接

　　蛋白质作为有机高分子化合物，是重要的生命物质。建立该概念首先需要厘清与该概念有关的一些概念的层次关系，如图3-18所示。

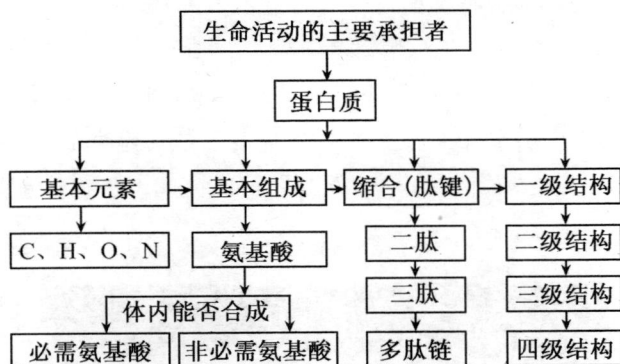

图 3-18　"蛋白质"概念的层次关系

　　氨基酸→二肽→三肽→多肽，是一组表示为层次关系的概念；氨基酸通过脱水缩合形成肽，"氨基酸"和"肽"又属于因果关系的概念（见图 3-19）；从属性兼因果性概念，如组成蛋白质的氨基酸种类、数目、排列顺序和多肽链的空间构象的多样性，决定了蛋白质功能的多样性，进而揭示出"一切生命活动都离不开蛋白质，蛋白质是生命活动的主要承担者"的本质属性。

　　蛋白质分子的空间结构很不稳定，极易受环境条件的影响而改变。酸、碱、高温等因素很容易破坏蛋白质的空间结构，蛋白质空间结构一旦发生变化，也就丧失了正常的生理功能。这些都表现出蛋白质作为生命的物质，在生命的系统中，结构与功能高度适应性的特点。

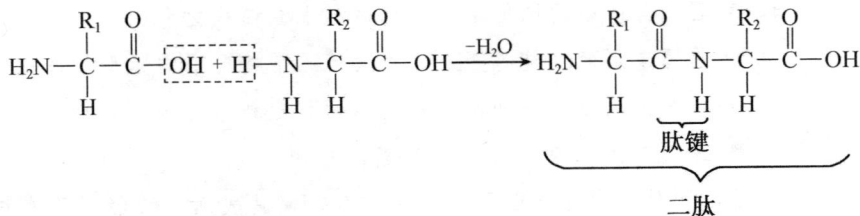

图 3-19　氨基酸缩水形成肽

样题 10：红细胞生理

红细胞（见图 3-20）是人体血液中含量最为丰富的一种血细胞，我国成年男性的红细胞数量平均值为 $5.0 \times 10^{12}/L$，女性平均值为 $4.2 \times 10^{12}/L$。正常红细胞呈双凹圆碟形，直径约为 $7 \sim 8\mu m$，周边最厚处为 $2.5\mu m$，中央最薄处约为 $1\mu m$。红细胞内的蛋白质主要是血红蛋白，用于 O_2 和 CO_2 的携载与运输。

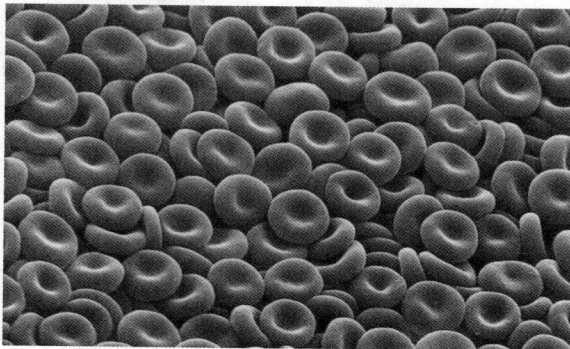

图 3-20 红细胞

问题 1：红细胞生理（层次：再现、回忆）

红细胞在全身血管中循环运行，常要挤过口径比它小的毛细血管和血窦孔隙，这时红细胞将发生变形，在通过后又恢复原状。有关这种变形表述错误的是_____。

A. 这种变形称为可塑性变形

B. 表面积与体积的比值越大，越有利于红细胞变形

C. 双凹圆碟形的红细胞变形能力大于异常情况下的球形红细胞

D. 等体积的红细胞双凹圆碟形的表面积比球形的表面积小

问题 2：红细胞生理（层次：理解、应用）

红细胞由骨髓中的造血干细胞分化而来，其成熟过程经历了有核红细胞、网织红细胞、成熟红细胞等阶段。最终成熟的红细胞是没有细胞核的，能够最大程度地把空间给予血红蛋白，使之发挥生理功能：交换并运输 O_2 和 CO_2。而红细胞的双凹圆碟形状同样有利于红细胞发挥生理功能，请简述之。

_____

_____。

问题 3：红细胞生理（层次：分析、综合）

与携载和运输 O_2 和 CO_2 功能相适应，红细胞在结构上的特点表现为_____。

A. 红细胞能够合成与骨骼肌细胞数量相当的 ATP

B. 红细胞内不能生成丙酮酸

C. 成熟的红细胞没有细胞核

D. 红细胞呈双凹圆碟形状

问题 4：红细胞生理（层次：分析、综合）

成熟红细胞可以合成 ATP，实际上 ATP 的合成与红细胞维系其正常生理功能密切相关，以下有关 ATP 的作用表述不正确的是_____。

A. 维持红细胞膜上钠钾泵的正常运转

B. 用于蛋白质的合成

C. 用于葡萄糖的活化，启动糖酵解过程

D. 促进红细胞膜上脂质与血浆脂蛋白中的脂质进行交换

该样题在生物教师知识结构评价框架中处于学科观念关键表现领域、统一性的观念观测点，反映的是结构与功能相适应中不同层次生命现象的描述及其与功能的关系。该样题主要考查教师对生物学科观念中统一性观念的理解。

该样题的问题 1 和问题 2 考查的是教师对红细胞生理的了解和应用，问题 1 考查的是对红细胞特有形状的认识，属于再现、回忆层次。问题 2 是在建立起红细胞概念的基础上，对概念进行应用，理解红细胞的生理。问题 3 和问题 4 考查的是怎样从统一性观念的角度理解结构与功能相适应。

知识链接

红细胞是血液中数量最多的细胞，它的作用是在肺部获得氧气，并将其运输到全身，以满足各组织细胞的需要。人的红细胞呈双凹圆饼状，周边厚而中间薄，平均直径为 $7\mu m$，周边厚约 $2\mu m$，中间厚约 $1\mu m$，这为其摄取氧气提供了更大的表面。红细胞的特点是含有血红蛋白，约占红细胞全重的 1/3。血红蛋白中含有铁，可与氧结合。红细胞中的另外一种重要物质是碳酸酐酶，它有助于二氧化碳的运输。红细胞的主要功能是运输氧和二氧化碳。此外红细胞还十分灵活，可以渗透并通过毛细血管壁。

低等脊椎动物的红细胞是有细胞核的，但是人和哺乳动物的红细胞在成熟的过程中失去了细胞核、高尔基体、中心粒、内质网和大部分线粒体。这种结构使它能更易通过毛细血管壁，是进化的结果。

下篇

生物教师学科知识结构评价内容及样题分析

中学生物教师在学科知识结构方面应该包括以下五个方面：必要的生物学基▮知识、生物学基本技能、生物学科特有的视角及方法、生物学核心概念、统摄学科内容的学科观念。

　　本篇将从这五个角度分析中学生物教师的学科知识结构，同时对应学科知识结构的观测点，借鉴 PISA 的评价方式，呈现了相应的样题，并对样题进行分析。

第四章 生物教师必要的学科基础知识及样题分析

从胜任中学生物教学角度讲，作为一名专业教师，中学生物教师必要的生物学基础知识应包括生命的结构、生命的延续和生命的能量。三者的关系如图 4-1 所示。

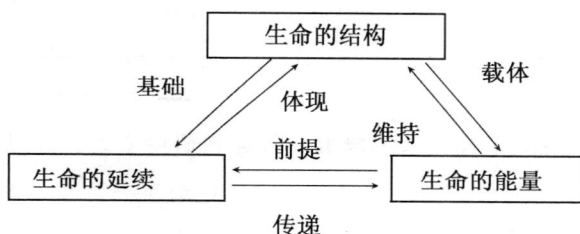

图 4-1 生物教师必要的学科基础知识及相互联系

一、生命的结构

生命的结构首先表现为生物界是一个多层次的有序结构。生命的基本单位是细胞，细胞内的各种结构单元（细胞器）都有特定的结构与功能。它们都由生物大分子（如蛋白质、核酸等）构成。但是生物大分子不是生命，只有当生物大分子组成一定的结构才能表现出生命现象，失去这个结构，如将细胞打成匀浆，生命现象就会消失，生命就瓦解了。生命的结构有层次性，在细胞这一层次之上，有组织、器官、系统、个体、种群、群落、生态系统、生物圈。每一层次都有其各自独特的结构和功能。

中学生物教师生命结构内容的观测点及样题如表 4-1 所示。

表 4-1　中学生物教师生命结构内容的观测点及样题

学科知识结构观测点	观测点举例	样题	层次		
			再现、回忆	分析、综合	理解、应用
生命的结构	生物大分子的特征	DNA 与 RNA	问题 1	问题 2、问题 3	问题 4
	细胞的结构与功能	iPS 细胞	问题 1、问题 2	问题 3、问题 4	问题 5
	生物个体的结构层次	斑马的结构层次	问题 1	问题 2、问题 3	问题 4
	生态系统	人工湿地	问题 1	问题 2	问题 3

样题 11：DNA 与 RNA（本样题由怀柔教研中心姜言国设计底题）

当细胞处于细胞周期中的分裂期时，细胞核内的染色质经高度螺旋化和反复折叠，形成线状或棒状的小体即为染色体，它是细胞核内的遗传物质的载体。染色质和染色体是细胞中同一物质在不同时期的两种形态。染色体由 DNA 和蛋白质构成。DNA 的基本组成单位是脱氧核苷酸。RNA 的基本组成单位是核糖核苷酸。真核生物中的染色体中 DNA 与组蛋白结合成核蛋白（DNP），存在于核内。

问题 1：DNA 与 RNA（层次：再现、回忆）

所有的核苷酸分子中都含有_____。

A. 核糖　　　　　　　　　　B. 含氮碱基

C. 脱氧核酸　　　　　　　　D. 氨基酸

问题 2：DNA 与 RNA（层次：分析、综合）

在生物体的生命活动中，由 DNA 分子蕴藏的信息支配合成的 RNA，在完全水解的情况下，所得到的化学物质是_____。

A. 氨基酸、核苷酸、葡萄糖　　B. 氨基酸、葡萄糖、碱基

C. 脱氧核糖、碱基、磷酸　　　D. 核糖、碱基、磷酸

问题3：DNA 与 RNA（层次：分析、综合）

所有病毒的遗传物质是_____。

A. RNA　　　　　　　　　　B. DNA

C. DNA 和 RNA　　　　　　　D. DNA 或 RNA

问题4：DNA 与 RNA（层次：理解、应用）

杨树叶肉细胞中的核酸，含有的碱基和核苷酸的种类分别是_____。

A. 1 种、2 种　　　　　　　B. 8 种、8 种

C. 4 种、4 种　　　　　　　D. 5 种、8 种

本样题是对生命结构中生物大分子的特点的测试。考查的是生物大分子 DNA 和 RNA 的结构。DNA 和 RNA 是生物体中存在的两种核酸，DNA 是生物体从双亲获得的遗传物质。基因是 DNA 中具有遗传效应的片段。DNA 通过 RNA 发挥作用。DNA 中的遗传信息先转录到 RNA 中，RNA 再被翻译成蛋白质的一级结构。组成核酸的单体是核苷酸，核苷酸由三部分组成，第一部分是戊糖，DNA 中的戊糖是脱氧核糖，所以 DNA 叫脱氧核糖核酸，RNA 中的戊糖是核糖，所以 RNA 叫核糖核酸。第二部分是磷酸集团，第三部分是含氮碱基。磷酸集团和含氮碱基分别连在戊糖的两端。DNA 中的含氮碱基分别是腺嘌呤、鸟嘌呤、胸腺嘧啶和胞嘧啶，RNA 中的含氮碱基分别是腺嘌呤、鸟嘌呤、尿嘧啶和胞嘧啶。

本样题中的问题1考查核苷酸分子的结构，正确答案是 B；问题2考查的是 DNA 与 RNA 的关系及 RNA 的结构成分，正确答案是 D；问题3需要在分析病毒结构的基础上回答病毒的遗传物质，正确答案是 D；问题4在理解 DNA 与 RNA 关系的基础上，应用所学的植物体及植物细胞结构的知识，分析杨树叶肉细胞中的核酸含有的碱基和核苷酸的种类。正确答案是 D。

知识链接

RNA（ribonucleic acid）即核糖核酸是由核糖核苷酸聚合而成的没有分支的长链。分子质量比 DNA 小，但在大多数细胞中比 DNA 丰富。RNA 主要有三类，即信使 RNA（mRNA）、核糖体 RNA（rRNA）和转移 RNA（tRNA）。这三类 RNA 分子都是单链，但具有不同的分子质量、结构和功能。在 RNA 病毒中，RNA 是遗传物质，植物病毒中都含有 RNA。近些年在植物中陆续发现一些比病毒还小得多的浸染性致病因子，叫做类病毒。类病毒是不含蛋白质的闭环单链 RNA 分子，此外，真核细胞中还有两类 RNA，即不均一核 RNA（hnRNA）和小核 RNA（snRNA）。hnRNA 是 mRNA 的前体；snRNA 参与 hnRNA 的剪接（一种加工过程）。自 1965 年酵母丙氨酸 tRNA 的碱基序列确定以后，RNA 序列测定方法不断得到改进。目前除 tRNA、5SrRNA、5.8SrRNA 等较小的 RNA 外，尚有一些病毒 RNA、mRNA 及较大 RNA 的一级结构测定已完成，如噬菌体 MS2RNA 含 3 569 个核苷酸。

DNA（deoxyribonucleic acid）即脱氧核糖核酸是脱氧核苷酸的高聚物、染色体的主要成分。遗传信息的绝大部分储存在 DNA 分子中。原核细胞的染色体是一个长 DNA 分子。真核细胞核中有不止一个染色体，每个染色体也只含一个 DNA 分子。不过它们一般都比原核细胞中的 DNA 分子大而且和蛋白质结合在一起。DNA 分子的功能是储存决定物种的所有蛋白质和 RNA 结构的全部遗传信息；策划生物有次序地合成细胞和组织组分的时间和空间；确定生物生命周期自始至终的活性和确定生物的特性。除染色体 DNA 外，有极少量结构不同的 DNA 存在于真核细胞的线粒体和叶绿体中。DNA 病毒的遗传物质也是 DNA。

1975 年美国的吉尔伯特（W. Gilbert）和英国的桑格（F. Sanger）分别创立了 DNA 一级结构的快速测定方法，他们为此共获 1980 年度诺贝尔化学奖。自那时以后，测定方法又不断得到改进，已有不少 DNA 的一级结构已确立。如人线粒体环 DNA 含有 16 569 个碱基对，λ

噬菌体 DNA 含有 48 502 个碱基对，水稻叶绿体基因组含 134 525 个碱基对，烟草叶绿体基因组含 155 844 个碱基对等。现在美国已计划在 10～15 年内将人类 DNA 分子中全部约 30 亿个核苷酸对序列测定出来。1953 年，沃森（Watson）和克里克（Crick）提出 DNA 纤维的基本结构是双螺旋结构，后来这个模型得到科学家们的公认，并用以解释复制、转录等重要的生命过程。经深入研究发现，因湿度和碱基序列等条件不同，DNA 双螺旋可有多种类型，主要分成 A、B 和 Z 三大类。一般认为，B 构型最接近细胞中的 DNA 构象，它与双螺旋模型非常相似。A-DNA 与 RNA 分子中的双螺旋区以及转录时形成的 DNA-RNA 杂交分子构象接近。Z-DNA 以核苷酸二聚体为单元左向缠绕，其主链呈锯齿形（Z），故名。这种构型适合多核苷酸链的嘌呤嘧啶交替区。1989 年，美国科学家用扫描隧道电镜法直接观察到双螺旋 DNA。

样题 12：iPS 细胞（本样题由平谷教研中心安淑荣设计底题）

iPS 细胞是指经过基因"重新编排"回归到胚胎干细胞状态的体细胞，它们具有类似胚胎干细胞的分化能力，这样就绕开了胚胎干细胞研究一直面临的伦理和法律等诸多障碍，因此在医疗领域的应用前景非常广阔。iPS 的研究突飞猛进，但是 iPS 细胞是否真正具有

图 4-2　从 iPS 细胞发育而成的小鼠

与胚胎干细胞一样的全能性？是否能够真正与胚胎干细胞媲美呢？四倍体囊胚注射方法是目前国际上验证细胞是否具有全能性的"金标准"。2009 年 7 月 23 日，《自然》在线发表了中国科学院动物所研究员周琪和上海交通大学医学院教授曾凡一分别领导的研究组共同完成的一项研究成果，我国科学家首次利用 iPS 细胞，通过四倍体囊胚注射得到存活并具有繁殖能力的小鼠"小小"（见图 4-2）。

问题 1：iPS 细胞（层次：再现、回忆）

中国科学家首次用 iPS 细胞克隆出完整的活体实验鼠，这证明了

动物体细胞具有_____特性。

A. 应激性   B. 全能性

C. 变异性   D. 适应性

问题2：iPS细胞（层次：再现、回忆）

细胞全能性是指_____。

A. 生物体的细胞具有使后代细胞形成完整个体的潜能

B. 生物体的细胞具有分裂的潜能

C. 生物体的细胞具有分裂和分化形成不同组织、器官的潜能

D. 生物体的细胞具有分化的潜能

问题3：iPS细胞（层次：分析、综合）

细胞具有全能性的原因是_____。

A. 生物体细胞具有使后代细胞形成完整个体的潜能

B. 生物体的每一个细胞都应该具有全能性

C. 生物体的每个细胞都含有个体发育的全部基因

D. 生物体的每个细胞都是由受精卵发育来的

问题4：iPS细胞（层次：分析、综合）

生物体内细胞没有表现出全能性，而是分化为不同的组织和器官，这是因为_____。

A. 细胞丧失了全能性

B. 不同的细胞内基因不完全相同

C. 基因的选择性表达

D. 在个体发育的不同时期细胞内的基因发生了变化

问题5：iPS细胞（层次：理解、应用）

下列_____项不是用iPS细胞克隆活体小鼠成功的意义。

A. 有望成为实施器官再生医学和现代生物细胞疗法的重要细胞
    来源

B. 在再生医学中，应用这种细胞进行治疗，可以避免与伦理道
    德相违背

C. 对于濒临绝迹的珍贵动物的传种意义重大

D. 解决某些妊娠时间长、每胎产子数量少的优良种畜的繁殖速度问题

　　本样题是对生命的结构中"细胞的结构与功能"的测试。考查的是细胞全能性的概念。

　　细胞就像一台复杂而精巧的生命机器，是生物体结构和功能的基本单位，生物体的每一个细胞都包含该物种所特有的全套遗传信息。所谓细胞全能性，是指细胞如受精卵一样，具有经过分裂、分化形成各种组织和细胞，最终发育成一个完整的个体的能力。高等动物在胚胎发育中，早期胚胎细胞具有发育的全能性，但随着分化程度的提高，细胞的发育潜能也逐渐变窄，细胞的生理活动也逐渐发生了不同的变化，如细胞的分裂能力逐渐降低，直至失去分裂能力成为末端分化细胞。但是通过细胞核移植技术能使高等动物的体细胞核去分化，重新获得较高的发育能力。

　　本样题中问题 1 考查获取资料信息的能力，问题 2 考查对细胞全能性概念的理解，问题 3、问题 4 考查通过对一些现象的分析，给出对有关细胞全能性问题解释的能力，问题 5 考查运用细胞全能性概念，解决实际问题（克隆活体小鼠）的能力。

样题 13：斑马的结构层次

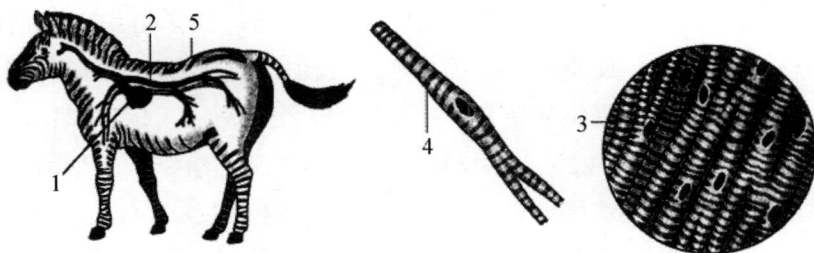

图 4-3　斑马的结构层次

人类对生命现象的认识过程，是由整体到局部、由宏观到微观、由个体到群体、由现象到本质的过程。生物界是一个多层次的有序结构，人们对生命认识的深入，表现为对生命的多层次研究。

作为完整、统一的生命体，生物个体具有人们熟知的全部直观的生命特征，是人类进行生命研究的基础层次。

问题1：斑马的结构层次（层次：再现、回忆）

构成斑马的基本单位是图4-3中的＿＿＿＿＿＿。

A. 1　　　　B. 2　　　　C. 3　　　　D. 4　　　　E. 5

问题2：斑马的结构层次（层次：再现、回忆）

1和2及其里面的物质共同构成＿＿＿＿＿＿。

问题3：斑马的结构层次（层次：分析、综合）

写出1、2、3、4、5之间的关系及名称。

_____

问题4：斑马的结构层次（层次：理解、应用）

斑马将所吃的草变成自身的营养物质，并把代谢的终产物二氧化碳、尿酸、尿素等排出体外，在这个过程中，参与的系统有＿＿＿＿＿＿

_____。

本样题是对生命的结构中生物个体的结构层次进行测试。斑马作为一个生物个体，其基本组成单位是细胞，图4-3中4是斑马的心肌细胞。结构相似、功能相同的细胞组合在一起构成了组织，包括肌肉组织：能够收缩，使身体的各部分进行运动；神经组织：指挥和控制；结缔组织：对身体提供支持并连接身体的各个部分；上皮组织：覆盖在体表和体内各器官表面。图4-3中3是斑马的肌肉组织。由几种不同的组织按照一定的次序结合在一起构成具有一定形态与功能的结构叫器官，图4-3中1是斑马的心脏。能够共同完成一种或几种生理功能的多个器官，按照一定的次序组合在一起构成系统，图4-3中心脏、血管及其中的血液组成了斑马的血液循环系统。不同的系统（如消化系统、呼吸系统、运动系统、循环系统等）组合成一个生物个体。

样题 14：人工湿地

人工湿地是一种人工设计的模拟自然湿地结构和功能的复合生态系统，在处理城镇生活污水、农田径流、河流治理等方面有比较广泛的用途，在治理污染的同时还具有很好的观赏性。图 4-4 所示是人工湿地对氮的去除过程。

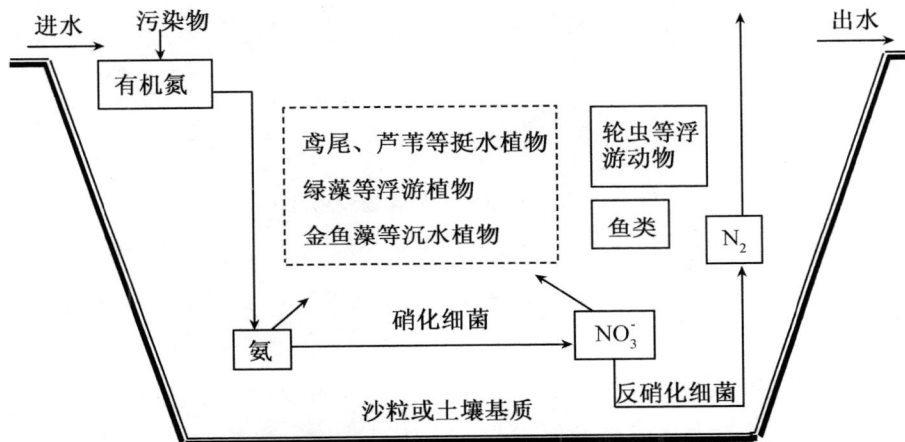

图 4-4　人工湿地除氮过程示意图

问题 1：人工湿地（层次：再现、回忆）

图 4-4 所示生物中，属于生产者的有_____。

A. 各种植物

B. 硝化细菌

C. 反硝化细菌

D. 各种动物

问题 2：人工湿地（层次：分析、综合）

植物在此人工湿地中的作用不包括_____。

A. 为需氧生物提供氧

B. 为动物提供食物

C. 吸收铵盐和硝酸盐，减少水中无机氮的含量

D. 直接吸收有机氮，减少水中有机氮的含量

问题 3：人工湿地（层次：理解、应用）

图 4-5 表示该湿地的水中几种物质的含量的变化，图中①、②、

③依次代表的物质是_____。

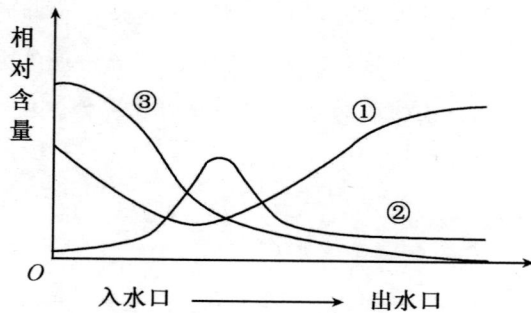

图 4-5　湿地的水中物质含量变化情况

A. 溶解氧、无机氮、有机氮　　B. 溶解氧、有机氮、无机氮

C. 无机氮、有机氮、溶解氧　　D. 无机氮、溶解氧、有机氮

　　本样题测试的是生命结构中生态系统，考查复合生态系统的一个类型——人工湿地的结构及功能。生态系统是贯穿初中生物学和高中生物学的一个核心概念，学生在初中阶段学习过生物与环境关系的知识，初步建立了生态系统的概念。在这个基础上，教师引导学生用系统分析的方法分析，进一步深入了解生态系统的结构与功能。有利于学生把握关于生态系统知识内容之间的本质联系，有利于学生建立对生态系统的深刻认识。

知识链接

　　"生态系统"一词是 A. G. Tansley 于 1936 年首先提出来的，是指一定的空间内生物成分和非生物成分通过物质循环和能量流动而相互作用、相互依存而构成的一个生态学功能单位。地球上有许多大大小小的生态系统，任何一个生态系统，无论大小，都是由非生物成分（无机物、有机物、气候和能源）和生物成分组成。生物成分按其在生态系统中的功能可划分为三大功能类群，即生产者、消费者和分解者。

　　生产者，指能借助于光合作用，利用简单的无机物质制造有机物并把太阳能转化为化学能储存在制造的有机物中，主要包括所有绿色植物，蓝、绿藻和少数化能合成细菌等自养生物。这些生物可以通过光合作用把水和二氧化碳等无机物合成为碳水化合物、蛋白质和脂肪等有机化合物，并把太阳辐射能转化为化学能，储存在合成有机物的分子键中。植物的光合作用只有在叶绿体内才能进行，而且必须是在阳光的照射下。但是当绿色植物进一步合成蛋白质和脂肪的时候，还需要有氮、磷、硫、镁等 15 种或更多种元素和无机物参与。生产者通过光合作用不仅为本身的生存、生长和繁殖提供营养物质和能量，而且它所制造的有机物质也是消费者和分解者唯一的能量来源。生态系统中的消费者和分解者是直接或间接依赖生产者为生的，没有生产者也就不会有消费者和分解者。可见，生产者是生态系统中最基本和最关键的生物成分。太阳能只有通过生产者的光合作用才能源源不断地输入生态系统，然后再被其他生物所利用。

消费者，指以动植物为食物的生物，即它们不能从无机物质制造有机物质，而是直接或间接地依赖于生产者所制造的有机物质，因此属于异养生物。消费者归根结底都是依靠植物为食（直接取食植物或间接取食以植物为食的动物）。直接吃植物的动物叫植食动物，又叫一级消费者（如蝗虫、兔、马等）；以植食动物为食的动物叫肉食动物，也叫二级消费者，如食野兔的狐和猎捕羚羊的猎豹等；以后还有三级消费者（或二级肉食动物）、四级消费者（或叫三级肉食动物），直到顶位肉食动物。消费者也包括那些既吃植物也吃动物的杂食动物，有些鱼类是杂食性的，它们吃水藻、水草，也吃水生无脊椎动物。有许多动物的食性是随着季节和年龄而变化的，麻雀在秋季和冬季以吃植物为主，但是到夏季的生殖季节就以吃昆虫为主，所有这些食性较杂的动物都是消费者。食碎屑者也应属于消费者，它们的特点是只吃死的动植物残体。消费者还应当包括寄生生物。寄生生物靠取食其他生物的组织、营养物和分泌物为生。

分解者，把生物死亡后的残体分解为无机物供生产者重新吸收和利用。分解者主要是细菌和真菌。分解者在生态系统中的基本功能是把动植物死亡后的残体分解为比较简单的化合物，最终分解为最简单的无机物并把它们释放到环境中去，供生产者重新吸收和利用。由于分解过程对于物质循环和能量流动具有非常重要的意义，所以分解者在任何生态系统中都是不可缺少的组成成分。如果生态系统中没有分解者，动植物遗体和残遗有机物很快就会堆积起来，影响物质的再循环过程，生态系统中的各种营养物质很快就会发生短缺并导致整个生态系统的瓦解和崩溃。由于有机物质的分解过程是一个复杂的逐步降解的过程，因此除了细菌和真菌两类主要的分解者之外，其他大大小小以动植物残体和腐殖质为食的动物在物质分解的总过程中都在不同程度上发挥着作用，如专吃兽尸的兀鹫，食朽木、粪便和腐烂物质的甲虫、白蚁、皮蠹、粪金龟子、蚯蚓和软体动物等。有人则把这些动物称为大分解者，而把细菌和真菌称为小分解者。

人工湿地作为生态系统的一个类型，其结构也是由上述各种成分构成。

二、生命的延续

生命的延续包含了宏观意义上的整个地球上生命的延续和微观意义上的物种的延续。宏观意义上生命的延续是生命的演化，微观意义上的生命的延续是生物的遗传与变异。

中学生物教师生命的延续内容的观测点及样题如表 4-2 所示。

表 4-2　中学生物教师生命的延续内容的观测点及样题

学科知识结构观测点	观测点举例	样题	层次		
			再现、回忆	分析、综合	理解、应用
生命的延续	生物的遗传	人类的性别决定	问题 1	问题 2、问题 3	

续表

学科知识结构观测点	观测点举例	样题	层次		
			再现、回忆	分析、综合	理解、应用
生命的延续	生物的变异	猫叫综合征	问题1、问题2	问题3	问题4
	生命的演化	现代马的祖先		问题1、问题2	问题3

样题 15：人类的性别决定（本样题由房山教师进修学校晋友奇设计底题）

男女的性别是由性染色体决定的。在正常情况下，体细胞中 XY 性染色体决定了正常男性的性别发育；而 XX 决定了正常女性的性别发育。请分析图 4-6 中的有关信息，并回答问题。

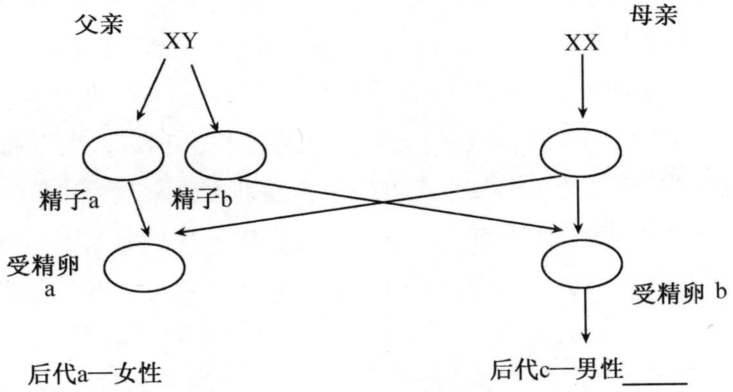

图 4-6　性别决定

问题 1：人类的性别决定（层次：再现、回忆）

受精卵 a 的性染色体组成是_____。

A. X

B. Y

C. XY

D. XX

问题2：人类的性别决定（层次：分析、综合）

请将答案填写在空白处：

后代c的性别将发育为_____性个体，是因为受精卵b的性染色体组成是_____。

问题3：人类的性别决定（层次：分析、综合）

请将答案填写在空白处：

这种决定方式中，个体的性别发育，取决于与_____细胞结合的_____细胞中含有的性染色体种类，如果含有的是Y染色体，则发育成男（雄）性个体；相反，如果含有的是X染色体，则发育成女（雌）性个体。

该样题测试的是生命的延续中生物的遗传，考查的是性别的决定。性染色体决定男女的性别。人的正常核型中，XY性染色体决定了正常男性的性别发育；而XX决定了正常女性的性别发育。受精时，如果是含X的精子与卵子结合，就产生具有XX的受精卵并发育成女性；如果是含Y的精子与卵子结合，就产生具有XY的受精卵并发育成为男性。这说明男女的性别在受精卵形成时就已确定。由于男性可产生数量相等的X精子与Y精子，加之它们与卵子结合的机会相等，所以每次生男生女的概率是相等的。在整个人群中男女性别之比大致为1:1。

该样题中的问题1考查读图能力，在生物学教学中图因其直观性和简易性而被广泛应用，生物教师首先应具有读图能力。本样题要求被试教师通过读图示中呈现的受精卵的形成过程，判断受精卵的性别。问题2考查运用性别决定的知识判断由受精卵发育的个体的性别并分析原因。问题3是考查被试者针对性别决定的方式，进行综合描述的能力。

知识链接

人类体细胞具有46条染色体，其中44条（22对）为常染色体，另两条与性别分化有关，为性染色体。人的正常核型中，XY性染色体决定了正常男性的性别发育；而XX决定了正常女性的性别发育。

在亲代的生殖细胞形成过程中，经过减数分裂，两条性染色体彼此分离，男性产生两种类型的精子——含 X 染色体的精子和含 Y 染色体的精子。女性则只产一种含 X 染色体的卵细胞。

但是，在人类有极少数情况下，核型为 46、XY 者身体检查完全是正常女性，而 46、XX 核型的人身体检查是正常男性。这样，染色体决定性别的学说就不能解释这一特殊现象了。于是有人提出"基因决定性别论"。20 世纪 70 年代后期 Wachtel 等经研究提出，在人类 Y 染色体的短臂上存在一种 H-Y 抗原基因，其产物是一种分子质量为 18 000 的疏水蛋白质，称为 H-Y 抗原，在胚胎发育过程中，H-Y 抗原对性腺具有定向作用，它能使具有向两性分化潜能的生殖嵴分化成睾丸，所以 H-Y 抗原基因又称睾丸决定因子，有 H-Y 抗原（genital ridge）存在就有睾丸的发育，没有 H-Y 抗原存在，生殖嵴就会自然地发育成卵巢，再进一步发育出女性的内外生殖器。即该学说认为性别的决定取决于 H-Y 抗原基因——TDF 的有无，国外有人已克隆了 TDF 的可编码的锌指状蛋白候补基因 ZFY，在女性则为 ZFX。决定性别基因的位点在男性为 Yp11.32，在女性为 Xp21.3。由于这种基因在性分化中起决定作用，所以叫"基因决定性别论"。核型 46，XY 为女性者是因为她的 Y 染色体上没有睾丸决定因子——TDF 基因。

样题 16：猫叫综合征

1963 年，法国科学家首先报告了一种特殊的疾病，病孩的哭声好像猫在叫一样，称为"猫叫综合征"。"猫叫综合征"是由于 5 号染色体丢失了一个片段所引起，所以也可以称为"5 号染色体部分缺失综合征"（见图 4-7）。根据国外报告，"猫叫综合征"在新生儿中的发病率为四万五千分之一；在精神发育不全者中，其发生率为 3/2 000。"猫叫综合征"患儿一般状态及反应差，哭声细弱似猫叫样，头小而圆，两眼眶距离过宽，下颌小、颈偏短，耳廓低位，双手呈"断掌"掌纹。询问妈妈获悉：母亲孕早期有先兆流产史。新生儿期喂养困难，吐奶明显，有黄疸迁延史，出生到现在一直喜哭吵，易激惹，哭声低微。此哭声在呼气时发生，吸气时不出现，随着年龄增长，猫叫样哭声好转。该病死亡率低，多数患儿可活到成人，但体重及身长均低于正常。由于该病有严重智能障碍及运动发育落后，建议行康复训练以促进运动功能的发育及智力发育。

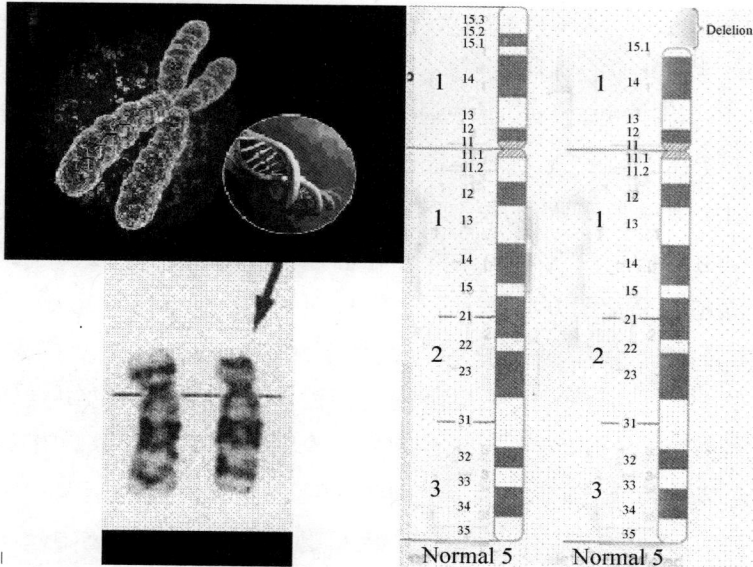

图 4-7 "猫叫综合征"染色体结构

问题 1：猫叫综合征（层次：再现、回忆）

除了猫叫综合征，下列_____变异也属于常染色体部分缺失。

A. 亨廷顿舞蹈征

B. Down 氏综合征

C. Turner 氏综合征

D. 克氏综合征（Klinefelter Syndrome）

问题 2：猫叫综合征（层次：再现、回忆）

下列_____组疾病属于伴 X 染色体隐性遗传。

A. 白化病、半乳糖血症、先天性聋哑

B. 抗维生素 D 佝偻病、钟摆型眼球震颤、人类印第安毛耳、外耳廓多毛症

C. 血友病、红绿色盲、肌营养不良

D. 多指畸形、先天性软骨发育不良、先天性成骨不全

问题 3：猫叫综合征（层次：分析、综合）

一对健康情侣，在婚检时应首先关注_____遗传病的检测。

A. 白化病、鸭蹼病、抗维生素 D 佝偻病

B. 先天性聋哑、血友病、苯丙酮尿症

C. 脊髓灰质炎、夜盲症、窦性心律不齐

D. 多指畸形、白血病、艾滋病

问题 4：猫叫综合征（层次：理解、应用）

下列说法正确的是_____。

A. 通过对高龄产妇后代 DNA 进行测序，可以得知是否存在移码突变，从而预测孩子是否罹患 Down 氏综合征

B. PCR、Southern 杂交、DNA 测序这三种技术，都可以用来预测患人类舞蹈征的风险，以便及时采取措施

C. 基因芯片、Southern 杂交、DNA 测序这三种技术，都可以用来监测人体原癌基因是否被激活，从而为及时治疗癌症争取宝贵时间

D. 某科研人员在使用超净工作台时忘记了关闭紫外灯，等他发现的时候，已经被紫外灯照射了 1 分多钟。可以建议他立刻到空地上晒太阳，以便启动光复活机制来修复突变的 DNA

该样题测试的是生命的延续中生命的演化。考查被试者对生物变异的理解。在丰富多彩的生物界中，蕴涵着形形色色的变异现象。在这些变异现象中，有的仅仅是由于环境因素的影响造成的，并没有引起生物体内的遗传物质的变化，因而不能够遗传下去，属于不遗传的变异。有的变异现象是由于生殖细胞内的遗传物质的改变引起的，因而能够遗传给后代，属于可遗传的变异。可遗传的变异有三种来源：基因突变，基因重组，染色体变异。

基因突变是染色体的某一个位点基因的改变。基因突变使一个基因

变成它的等位基因，并且通常会引起一定的表现型变化。例如，小麦从高秆变成矮秆，普通羊群中出现了短腿的安康羊等，都是基因突变的结果。引起基因突变的因素很多，可以归纳为三类：一类是物理因素，如X射线、激光等；另一类是化学因素，是指能够与DNA分子起作用而改变DNA分子性质的物质，如亚硝酸、碱基类似物等；第三类是生物因素，包括病毒和某些细菌等。

基因重组是指在生物体进行有性生殖的过程中，控制不同性状的基因的重新组合。基因的自由组合定律告诉我们，在生物体通过减数分裂形成配子时，随着非同源染色体的自由组合，非等位基因也自由组合，这样，由雌雄配子结合是一种类型的基因重组。在减数分裂形成四分体时，由于同源染色体的非姐妹染色单体之间常常发生局部交换，这些染色体单体上的基因组合，是另一种类型的基因重组。基因重组是通过有性生殖过程实现的。在有性生殖过程中，由于父本和母本的遗传特质基础不同，当二者杂交时，基因重新组合，就能使子代产生变异，通过这种来源产生的变异是非常丰富的。父本与母本自身的杂合性越高，二者的遗传物质基础相差越大，基因重组产生变异的可能性也越大。以豌豆为例，当对具有10对相对性状（控制这10对相对性状的等位基因分别位于10对同源染色体上）的亲本进行杂交时，如果只考虑基因的自由组合所引起的基因重组，F_2可能出现的表现型就有1 024种（即2的10次方）。

基因突变和基因重组在生物进化中具有重要意义。是生物变异的根本来源，为生物进化提供了最初的原材料。

在生物体内，尤其是在高等动植物体内，控制性状的基因的数目非常巨大，因此，通过有性生殖产生的杂交后代的表现型种类是很多的。如果把同源染色体的非姐妹染色单体交换引起的基因重组也考虑在内，那么生物通过有性生殖产生的变异就更多了。人类的许多遗传病是由染色体结构改变引起的（本样题的"猫叫综合征"就是一例）。

样题17：现代马的祖先

现在的大部分马体形都是流线型的，而且能跑得很快。科学家们已经找到了与马相似的动物的骨骼化石。他们认为这些动物是现代马的祖先。科学家们同时也已经能够确定化石中不同种类的马生存的时期。表 4-3 提供了三种化石和现代马的信息。

表 4-3　三种马化石和现代马的信息

动物名称	始马	中马	草原古马	真马 （现代马）
生存的时期	5 500 万～5 000 万年前	3 900 万～3 100 万年前	1 900 万～1 100 万年前	200 万年前～现在
腿的骨骼 （相同的比例）				

问题 1：现代马的祖先（层次：分析、综合）

表格中的什么信息是现代马从其他三种动物演化过来的最强有力的证据：

_____。

问题 2：现代马的祖先（层次：分析、综合）

科学家们可以从事哪些进一步的研究去查明马一直以来是如何进化的？请在你的选项中画圈（见表 4-4）。

表 4-4　有关马的测试题

这种研究可以帮助查明马在长期内是如何进化的吗	可以/不可以
对比在不同时期生存的马的总数	可以/不可以
寻找属于 5 000 万～4 000 万年前马的祖先的骨骼	可以/不可以

问题 3：现代马的祖先（层次：理解、应用）

下面_____项陈述是正确的。

A. 人们是不能相信这理论的，因为它不能让我们看到这些种
类的改变

B. 这种进化的理论对动物是可能的，但是不能应用于人类

C. 进化论是目前一种建立在广泛的证据上的科学理论

D. 进化论是一种通过科学的实验验证的理论

该样题测试的是生命的延续中生命的演化。考查被试者对生物进化的理解。生物进化是指一切生命形态发生、发展的演变过程。"进化"一词来源于拉丁文"evolutio"，原意为"展开"，一般用以指事物的逐渐变化、发展，由一种状态过渡到另一种状态。1762 年，瑞士学者邦尼特最先将此词应用于生物学中。地球上的生命，从最原始的无细胞结构生物进化为有细胞结构的原核生物，从原核生物进化为真核单细胞生物，然后按照不同方向发展，出现了真菌界、植物界和动物界。植物界从藻类到裸蕨植物再到蕨类植物、裸子植物，最后出现了被子植物。动物界从原始鞭毛虫到多细胞动物，从原始多细胞动物到出现脊索动物，进而演化出高等脊索动物——脊椎动物。脊椎动物中的鱼类又演化到两栖类再到爬行类，从中分化出哺乳类和鸟类，哺乳类中的一支进一步发展为高等智慧生物，这就是人。

生物的进化既是生物学的一种现象，又是生物学科的重要思想。因此对生物进化的理解，反映了一名教师的学科专业水平。

三、生命的能量

一切生命活动都需要能量，所有生物都可以看成是能量的转换者，这种能量的流动驱动着生命的维持与繁衍。绿色植物直接从外界环境摄取无机物，通过光合作用，利用太阳光能，将无机物制造成复杂的有机物，并且储存能量，来维持自身生命活动的进行。人和动物不能像绿色植物那样进行光合作用，它们只能依靠摄取外界环境中现成的有机物来维持自身的生命活动。

中学生物教师生命的能量内容的观测点及样题如表 4-5 所示。

表 4-5　中学生物教师生命的能量内容的观测点及样题

学科知识结构观测点	观测点举例	样题	层次		
			再现、回忆	分析、综合	理解、应用
生命的能量	生命活动中的能量	三磷酸腺苷（ATP）	问题 1	问题 2、问题 3	问题 4
	能量的流动	生态系统中能量的流动	问题 1	问题 2、问题 3	

样题 18：三磷酸腺苷（ATP）（本样题由密云教研中心李秀军设计底题）

地球上生活着各种各样的生物，正是由于有生物的存在才使得大自然生机盎然。生命活动的进行都需要能量。地球上生物生命活动所需能量的最终来源是太阳光能，糖类、脂肪、蛋白质等均可作为能源物质，其中糖类是主要的能源物质，然而生物体各种生命活动的直接能源物质是三磷酸腺苷（ATP）。

1997 年诺贝尔化学奖的一半授予了美国的保罗·博耶和英国的约翰·沃克，以表彰他们在研究三磷酸腺苷如何利用能量进行自身再生方面取得的成就。三磷酸腺苷，是腺嘌呤的衍生物。其分子是由一个戊糖（核糖）、一个含氮碱基（腺嘌呤）和三个磷酸根组成。其中一个磷酸根连接在糖分子上，其余两个则相继连接。这两个磷酸键比较不稳定，是焦磷酸键，称为高能磷酸键，分解时伴随有较多能量释放，因此，ATP 分子是生物体内能量转化的中心物质。其分子式及其结构模型如图 4-8 所示。

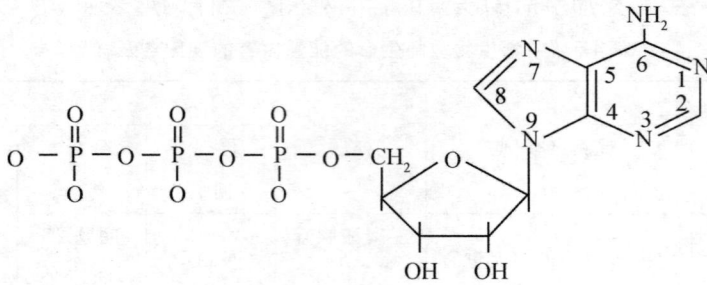

(a) 结构简式

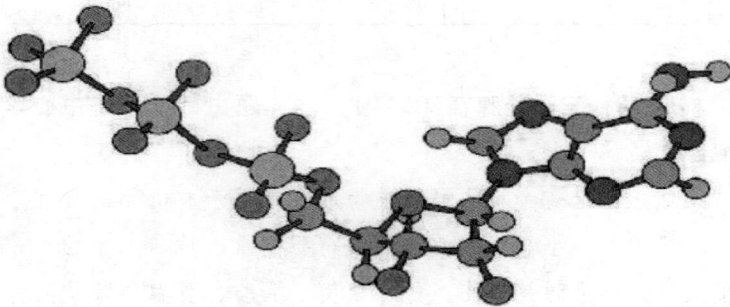

(b) 结构模型

图 4-8　ATP 分子及其结构模型

ATP 在生物体内含量并不高。人体中 ATP 的总量只有 0.1 摩尔左右。人体每天的能量需要水解 100～150 摩尔的 ATP 即相当于 50～75 千克。这意味着人一天将要分解掉相当于人体重的 ATP。所以每个 ATP 分子每天要被重复利用 1 000～1 500 次。ATP 不能被储存，因为 ATP 合成后必须在短时间内被消耗。

在细胞中 ATP 的摩尔浓度通常是 1～10mm。ATP 可通过多种细胞途径产生。最典型的如在线粒体中通过氧化磷酸化由 ATP 合成酶合成，或者在植物叶绿体中通过光合作用合成。

ATP 的能量可以直接转化成其他各种形式的能量，用于各项生命活动。这些能量的形式主要有渗透能、机械能、电能、化学能、光能（如萤火虫发光）、热能等。

问题 1：三磷酸腺苷（ATP）（层次：再现、回忆）

一分子 ATP 中含有腺苷、磷酸基和高能磷酸键的数目依次为_____。

A. 1、2、3　　　　　　　　　B. 1、3、2

C. 2、2、2　　　　　　　　　D. 2、3、3

问题 2：三磷酸腺苷（ATP）（层次：分析、综合）

ADP 转变成 ATP 需要_____。

A. Pi、酶、腺苷和能量　　　　B. Pi、酶

C. 酶、腺苷和能量　　　　　　D. Pi、酶和能量

问题 3：三磷酸腺苷（ATP）（层次：分析、综合）

在生物的生命活动过程中，能产生 ATP 的细胞结构有_____。

A. 细胞核、高尔基体、叶绿体

B. 线粒体、高尔基体、细胞质基质

C. 细胞质基质、线粒体、叶绿体

D. 细胞核、线粒体、核糖体

问题 4：三磷酸腺苷（ATP）（层次：理解、应用）

萤火虫不论雄性的还是雌性的，夏、秋季的夜晚都会一闪一闪地发光（见图 4-9）。不同种类的萤火虫会发出各自特定的闪光信号。此外，萤火虫发出的荧光还具有一定的警戒作用和照明作用。萤火虫的发光器官位于腹部后端的下方，该处具

图 4-9　萤火虫

有发光细胞。发光细胞的周围有许多微细的气管，发光细胞内有荧光素和荧光素酶。荧光素接受 ATP 提供的能量后就被激活。在荧光素酶的催化作用下，激活的荧光素与氧发生化学反应，形成氧化荧光素并且发出荧光。

科研小组用小刀将数十只萤火虫的发光器割下，干燥后研成粉末，取两等份分别装入 A、B 两支试管，各加少量水使之混合，此时

可见到试管中发出淡黄色荧光，约过 15min 荧光消失。之后，再将 ATP 液和葡萄糖液分别加入 A、B 试管，结果发现加 ATP 液的试管中发出荧光，而加葡萄糖液的试管中不发荧光。本实验能得出什么结论？

_____。

本样题测试的是生命的能量中生命活动中的能量。生命有机体进行各种生命活动所需能量都是直接或间接来源于太阳的光能。绿色植物在进行光合作用时，可以直接将光能转化为化学能，以 ATP 的形式储存在有机物中。动物直接或间接捕食有机物后，获得了有机物中的能量。因此 ATP 是生物进行生命活动所需能量的直接提供者，从能量角度讲，生命活动进行的过程就是 ATP 消耗的过程。

本样题的问题 1 考查的是对 ATP 结构的认识，问题 2 考查根据 ATP 结构分析 ATP 合成的过程，问题 3 考查 ATP 在生命活动中的基本单位——细胞中的合成结构，问题 4 考查在对 ATP 结构和功能理解的基础上，应用于实际问题，解释现象的能力。正确答案为：萤火虫发光是将（ATP 中的）化学能转变成光能的过程，ATP 是生命活动的直接能源物质，而葡萄糖不是。

知识链接

三磷酸腺苷（ATP）是体内组织细胞一切生命活动所需能量的直接来源，被誉为细胞内能量的"分子货币"。ATP 的分子式 $C_{10}H_{16}N_5O_{13}P_3$，化学简式 $C_{10}H_8N_4O_2NH_2(OH)_2(PO_3H)_3H$，分子量 507.184。三个磷酸基团从腺苷开始被编为 α、β 和 γ 磷酸基。ATP 的化学名称为 5′-三磷酸-9-β-D-呋喃核糖基腺嘌呤，或者 5′-三磷酸-9-β-D-呋喃核糖基-6-氨基嘌呤。ATP 发生水解时，形成 ADP 并释放一个磷酸根，同时释放能量。这些能量在细胞中会被利用，肌肉收缩产生的运动，神经细胞的活动，生物体内的其他一切活动利用的都是 ATP 水解时产生的能量。活细胞中也有其他的高能三磷酸盐如鸟苷三磷酸。能量可以在这些三磷酸盐和 ATP 中由磷酸激酶催化之类的反应转移：当磷酸键被水解的时候能量就会被释放。这种能量可以被多种酶、肌动蛋白和运输蛋白用于细胞的活动。水解还会生成自由的磷酸盐和二磷酸腺苷。二磷酸腺苷又可以被进一步水解为另一个磷酸离子和一磷酸腺苷。ATP 也可以被直接水解为一磷酸腺苷和焦磷酸盐，这个反应在水溶液中是高效的不可逆反应。

样题 19：生态系统中能量的流动（本样题由密云教研中心袁森林设计底题）

图 4-10 是一个水生环境示意图，分析图中的信息，回答下列问题。

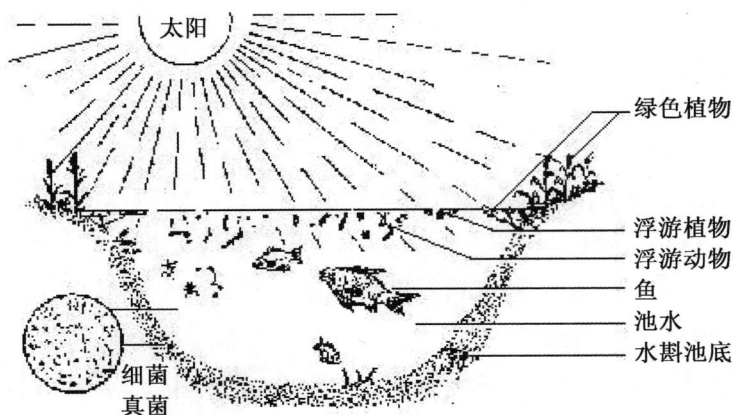

图 4-10 水生环境示意图

问题 1：生态系统中能量的流动（层次：分析、综合）

图中影响鱼生存的因素中，属于生物因素的有_____。

A. 浮游植物　　　　　　　　B. 浮游动物

C. 细菌　　　　　　　　　　D. 池水

问题 2：生态系统中能量的流动（层次：分析、综合）

生态系统中的绿色植物能将二氧化碳和水等简单的无机物制造成

有机物的同时，吸收太阳的＿＿＿＿＿＿＿，并将其转化为有机物中的＿＿＿＿＿＿＿储存起来。

问题3：生态系统中能量的流动（层次：分析、综合）

生态系统中的动物只能直接或间接地依靠绿色植物而获得＿＿＿＿＿＿＿生命活动所需的＿＿＿＿＿＿＿和＿＿＿＿＿＿＿。

本样题是对生命的能量中能量的流动的测试，考查的是生态系统中能量的流动。

本样题的问题1考查的是通过对图的观察、分析，区分出该生态系统的生物因素和非生物因素，而能量只在生物之间传递，因此，问题1是为回答问题2和问题3作铺垫。问题2考查对生物能量来源的认识。问题3考查的是生态系统中能量的流动。

知识链接

能量是生态系统的基础，一切生命生活都存在着能量的流动和转化。没有能量的流动，就没有生命和生态系统。能量流动可在生态系统、食物链和种群三个水平上进行分析。生态系统水平上的能流分析，是以同一营养级上各个种群的总量来估计，即把每个种群都归属于一个特定的营养级中（依据其主要食性），然后精确地测定每个营养级能量的输入和输出值。这种分析多见于水生生态系统，因其边界明确、封闭性较强、内环境较稳定。通过对各营养级之间能量流动的定量分析可以看出两个重要特点：一是能量流动是单方向的和不可逆的，所有能量迟早都会通过生物呼吸被耗散掉；二是能量在流动过程中会急剧减少，主要是资源利用率不高和生物的呼吸消耗，因此任何生态系统都需要不断得到来自外部的能量补给，如果在较长时间内没有对一个生态系统进行能量输入，这个生态系统就会自行消亡。

食物链层次上的能流分析是把每个种群作为能量从生产者到顶极消费者移动过程中的一个环节，当能量沿着一个食物链流动时，测定食物链每一个环节上的能量值，就可以获得生态系统内一系列特定点上能量流动的准确资料。种群层次上的能量流动分析，则是在实验室内控制各种无关变量，以研究能量流动过程中影响能量损失和能量储存的各种重要环境因子。

　　植物所固定的能量通过一系列的取食和被取食关系在生态系统中的传递，这种生物之间的食物传递关系称为食物链。一般食物链是由4～5个环节构成的，如草→蝗虫→鸟→蛇→鹰。但在生态系统中生物之间的取食和被取食的关系错综复杂，这种联系像一个无形的网把所有生物都包括在内，使它们彼此之间都有着某种直接或间接的关系，这就是食物网。一般而言，食物网越复杂，生态系统抵抗外力干扰的能力就越强，反之亦然。在任何生态系统中都存在着两种最主要的食物链，即捕食食物链和碎屑食物链，前者是以活的动植物为起点的食物链，后者则以死生物或腐屑为起点。在大多数陆地和浅水生态系统中，腐屑食物链是最主要的，如一个松树林的植物生物量除6％是被动物取食外，其余94％都是在枯死凋落后被分解者所分解。一个营养级是指处于食物链某一环节上的所有生物种群的总和，在对生态系统的能量流动进行分析时，为了方便，常把每一生物种群置于一个确定的营养级上。生产者属第一营养级，植食动物属第二营养级，第三营养级包括所有以植食动物为食的肉食动物，一般一个生态系统的营养级数目为3～5个。

第五章 生物教师学科基本技能及样题分析

生物学科是一门实验学科，实验是开启生命科学王国大门的钥匙，生物学科的特点决定了实验技能是生物教师的一项基本技能。基本的实验技能包括了实验设计技能、实验操作技能和实验分析技能。

中学生物教师学科基本技能观测点及样题如表 5-1 所示。

表 5-1　中学生物教师学科基本技能观测

学科知识结构观测点		观测点举例	样题	层次		
				再现、回忆	分析、综合	理解、应用
生物学实验技能	实验设计技能	设计生物学实验的能力	巴斯德与实验研究	问题1	问题2、问题3	问题4
			鱼缸里的泡泡	问题1	问题2、问题3、问题4	
	实验操作技能	进行生物学实验操作的能力	洋葱表皮细胞 VS 人的白细胞	问题2	问题1、问题3	问题4
			脂肪的鉴定	问题1	问题2	问题3、问题4
	实验分析技能	分析生物学实验现象与实验结果的能力	藓类的叶片细胞和人的口腔上皮细胞	问题1	问题3	问题2、问题4
			变形虫与杯状藻	问题1	问题2、问题3、问题4	问题5

一、实验设计技能

生物学教学中的实验设计要依据教学目标和教学内容的要求，结合中学生的心理发展特点，设计实验内容，根据学生的学习水平安排实验过程，引导学生用实验的方法去研究周围的事物，去探索客观世界，启发和帮助学生通过对客观事物的观察和科学的探究去"发现"科学规律。

在实验设计中，关键是控制变量。变量亦称因子，指实验操纵控制的特定因素或条件。在中小学科学课中，把实验所设置的实验条件称为"变量"。变量通常分为以下两类共四种类型：实验变量与反应变量，变量与额外变量。实验变量亦称自变量，指实验中由实验者所操纵、给定的因素或条件；反应变量亦称因变量或应变量，指实验中由于实验变量而引起的变化和结果。实验变量是原因，反应变量是结果，二者具有因果关系。实验的目的即在于捕获和解释这种前因后果。在"让橡皮泥浮起来"的活动中，学生所设计的橡皮泥的无关变量亦称控制变量，指实验中除实验变量以外的影响实验变化和结果的因素或条件。额外变量亦称干扰变量，指实验中由于无关变量所引起的变化和结果。例如，在"根的吸水量多少的研究"中，之所以选择两棵大小相同、根系大小相当、叶子数量一样的幼苗；向两支大试管中放一样多的水加以固定；在水面滴一层植物油（防止水分蒸发）等措施，也都是想控制无关变量，以防产生额外变量，出现干扰，造成误差。所以控制无关变量和减少额外变量是科学实验的关键之一。

在实验设计中，实验者与上述四种变量的关系如图 5-1 所示。

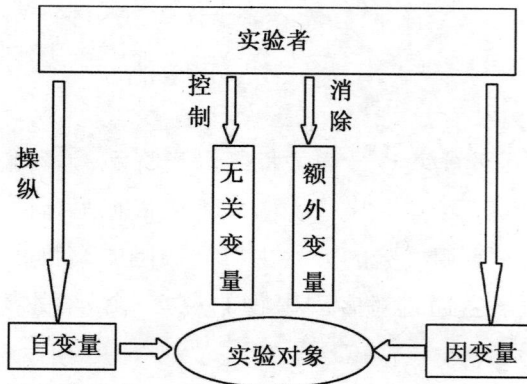

图 5-1 实验者与四种变量的关系

样题 20：巴斯德与实验研究（本样题由北京教育学院靳飞设计底题）

路易斯·巴斯德（Louis Pasteur，1822—1895），法国微生物学家、化学家，近代微生物学的奠基人。巴斯德曾任里尔大学、巴黎师范大学教授和巴斯德研究所所长。在他的一生中，曾在同分异构现象、发酵、细菌培养和疫苗等研究中取得重大成就，从而奠定了工业微生物学和医学微生物学的基础，并开创了微生物生理学，被后人誉为"微生物学之父"。巴斯德创立了一整套独特的微生物学基本研究方法，并开始用"实践-理论-实践"的方法开始研究，堪称一位科学巨人。

问题 1：巴斯德与实验研究（层次：再现、回忆）

巴斯德的一项重要贡献在于发明了巴氏灭菌法，最初巴斯德用以解决葡萄酒变酸的问题，这一方法曾挽救了法国的酿酒业。直到现在市场上仍然流通着采用巴氏灭菌的牛奶（简称巴氏奶）。以下有关巴氏灭菌法叙述正确的是_____。

A. 巴氏灭菌法又称为高温灭菌法

B. 巴氏灭菌法可有效地消灭啤酒或牛奶里的所有细菌和病原体

C. 使用巴氏灭菌法处理后的牛奶必须要 4℃保存

D. 使用巴氏灭菌法处理后的牛奶保质期一般可达几个月之久

问题 2：巴斯德与实验研究（层次：分析、综合）

巴斯德通过严谨的科学实验否定了微生物的自然发生说，这一突出贡献成为他的不朽功绩之一。很久以来人们一直认为生命体（或微生物）可以自发地从某些非生命物质或降解的物质中产生，这称之为生命的自然发生说。以下观察不支持自然发生说的有_____。

A. 新鲜的食品在空气中放久了会腐败变质，其中有微生物

B. 池塘底部的淤泥中钻出了蝌蚪

C. 把垃圾堆放一处，数天以后飞出了苍蝇

D. 把鸡蛋置于合适温度，过些天孵出了小鸡

问题 3：巴斯德与实验研究（层次：分析、综合）

接上题，正是由于人们长期进行的一些不严格的观察，才使得自然发生说深入人心。巴斯德设计了一个简单又令人信服的鹅颈烧瓶实验，证明了生命体（或微生物）不可能自发地从某些非生命物质中产生。以下有关巴斯德的实验叙述正确的是_____。

A. 实验的设计非常简单明了，只需加热一个内盛培养基的带细长弯曲玻璃管的鹅颈烧瓶即可完成

B. 鹅颈烧瓶内加热后的培养基正常放置数个小时后没有微生物的滋生

C. 有关培养基内微生物的滋生应该来源于空气，并不是巴斯德在设计实验之前就可以预见到的，而是实验后通过分析推理得出

D. 通过巴斯德的这一个经典实验，人们就可以彻底推翻生命的自然发生说

问题 4：巴斯德与实验研究（层次：理解、应用）

接上题，由于巴斯德实验设计精巧，且体系严谨，因此其实验结果得到当时科学家们的广泛认可。事实上，早在巴斯德之前，就有许多支持生命的生物产生说的科学界先驱们试图证实这个问题，但是他

们的实验体系往往被自然发生说的支持者们所质疑。例如，德国科学家 Shultze 和 Schwann 设计了一个实验，其实验装置如图 5-2 所示。

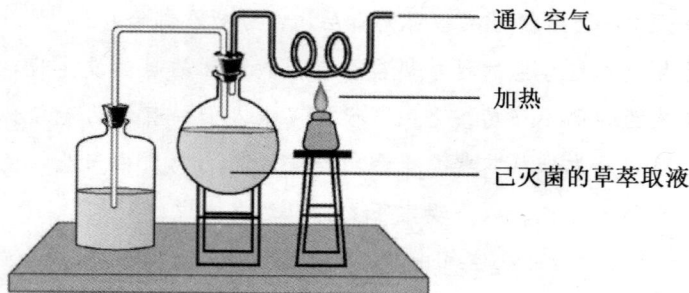

图 5-2　Shultze 和 Schwann 设计的实验

该实验同样是为了证明生命体（或微生物）不可能自发地从某些非生命物质中产生，请写出该实验的现象预期。

_____

_____。

该样题测试的是基本实验技能中的实验设计技能。实验设计是中学生物教师的一项主要教学工作。实验设计是指正式实验之前，实验者根据一定的实验目的和要求，运用有关的科学知识和原理，对实验过程中的材料、手段、方法、步骤等全部方案的制订。这在新的课程改革和考试与评价改革中，越来越受到重视。实验设计的核心是要能通过学生的实验操作启发学生的积极思维。实验设计中蕴含着实验思想和方法，例如问题 2 强调的是不迷信权威的科学态度，问题 3 强调的是控制变量的实验思想，问题 4 强调的是敢于质疑的科学精神。教师只有理解了蕴涵在实验中的思想和方法，才能将其运用到实验教学中。

样题 21：鱼缸里的泡泡（本样题由清华大学附属中学韩星设计底题）

图 5-3 是小莉学校生物实验室摆放的一个鱼缸里的情景，色彩斑斓的小鱼穿梭在水草间。同学们注意到了池塘里面有许多小泡泡。大

家对这些小泡泡产生了兴趣,这些小泡泡是什么?几位同学说法不一,有的说是氧气,是水草进行光合作用的产物;也有的说是二氧化碳,是水中生物进行呼吸作用的产物;小莉想通过实验找到答案。

图 5-3　鱼缸里的泡泡

问题 1:鱼缸里的泡泡(层次:再现、回忆)

如果要弄明白上述现象,请在下列各项中选择出恰当的操作_____。

A. 提出问题,并根据问题设计实验

B. 针对出现的现象做出假设

C. 提出问题,并针对问题提出假设

D. 针对现象直接到实验室做实验找出答案

问题 2:鱼缸里的泡泡(层次:分析、综合)

请列出你针对问题所提出的假设,并写出其假设的依据:

假设:_____;依据:_____。

问题 3:鱼缸里的泡泡(层次:分析、综合)

小莉和她的同学们做了一个实验,把含有水草的水放入密封的、含有刻度的容器内,放置一段时间,如果确定假设产生的气泡是二氧化碳,应该如何检测呢?

_____。

小莉和她的同学们注意到容器里的泡泡只在光照存在条件下才可产生,光照强度弱则产生的气泡少,如果处于黑暗条件下则无气泡产生,这一现象更支持哪一个假设?

_____。

请进一步设计一个实验证明产生的气泡随一定的光照强度的增强而增加。

_____。

问题4：鱼缸里的泡泡（层次：分析、综合）

根据上述实验过程可得出的结论是 _____。

　　该样题测试生物学基本实验技能中实验操作技能，考查的是利用实验进行科学探究的实验活动设计能力。由于新教材的实验以探究为主，着重培养自主学习能力。培养学生的生物设计实验能力，是中学生物新课标明确提出的培养学生观察能力、思维能力、实验能力和自学能力四种能力之一。生物实验设计能力既是实验能力的重要内容，也是实验能力的最高层次，其本身具有较强的综合性、创造性和灵活性等特点。

　　本样题以探究实验为载体，综合培养学生的各种能力。问题1考查的是，当观察到了现象／（事实）以后，应引导学生针对现象提出问题，并作出假设。问题2考查的是怎样针对现象做出假设。需要强调的是，假设不是主观的臆想，是在观察和事实材料的基础上，根据科学原理和科学事实进行理性思维的加工以后，对未知的自然现象及其规律所作的假定性解释和说明。因此，假设的提出要有依据，本样题的假设可以从两个角度考虑。假设一：气体是水草呼吸作用所产生的二氧化碳，依据：生命需要靠呼吸作用产生生命活动所需的能量，在此过程中释放二氧化碳。假设二：气体是水草进行光合作用所产生的氧气，依据：绿色植物在有光的条件下通过光合作用合成有机物同时释放氧气。问题3考查的是设计实验验证假设的能力。参考答案如下。

　　①将含有水草的容器放置一段时间后，加入澄清的石灰水，收集到的气体可使石灰水变混浊，则说明水草产生的气体是二氧化碳。

　　②在观察中发现容器里的泡泡只在光照存在条件下才可产生，光照强度弱则产生的气泡少，如果处于黑暗条件下则无气泡产生，这一现象更支持的假设为水草产生的气体为氧气。

　　③用不同功率的灯泡分别以相同的距离照射容器，并数产生泡泡的量，或用一只灯泡以不同距离照射容器，并数产生泡泡的量。问题4考查的是根据实验结果得出实验结论的能力（参考答案：实验室鱼缸中泡泡里的气体是光合作用过程中产生的氧气）。

二、实验操作技能

生物实验是在人为控制的条件下，根据一定的目的，应用仪器设备、药品等物质手段，模拟和再现自然现象，进行生物研究的方法。生物实验要达到预期的目的，不仅要有丰富的生物学知识，还要掌握有关生物实验的技能。生物学是以实验为基础的科学，实验操作技能是指通过练习形成的技能。生物实验技能的形成必须经过对有关知识和规则要求的认知，在头脑中构建起明确的实验操作期望和目标，形成实验操作表象，这样就可选择合适的学习策略，在实际操作中去努力实现它们。

在实验教学中，教师可通过演示实验，讲解有关录像或多媒体资料等明确生物学实验仪器和实验操作的规范和要求，认真细致地讲解生物学仪器和实验操作的原理、作用、性能等，从中说明生物学仪器和实验操作规范的科学性和合理性，使学生能自觉地按照生物学仪器和实验操作规范进行实验操作。要达到这样的目的，生物教师首先要能按照生物学仪器和实验操作规范进行实验操作。规范地进行生物实验的操作是生物专业教师的一项必备的专业技能。包括显微镜等常规生物实验仪器的正确使用，生物实验常用药品的配制，植物各种切片的制作，动物的在体、离体手术等。

样题 22：洋葱表皮细胞 VS 人的白细胞（本样题由北京教育学院靳飞设计底题）

细胞并没有统一的定义，科学家们只是普遍承认细胞是生命活动的基本单位，除病毒之外的所有生物均由细胞所组成，即便是病毒，其生命活动也必须在细胞中才能体现。细胞有很多种类，借助显微设备在中学的实验室里就可以看到，比如洋葱表皮细胞、人的白细胞等。

问题 1：洋葱表皮细胞 VS 人的白细胞（层次：分析、综合）

制作洋葱表皮细胞的临时装片非常简单，用碘液染色后在光学显微镜下观察有如图 5-4（a）所示效果。而通过血涂片的制作和瑞氏染色的方法，在光学显微镜下也可观察到白细胞，如图 5-4（b）所示。在血涂片中比较容易观察到的细胞结构在洋葱表皮细胞的临时装片中却不易观察的有_____。

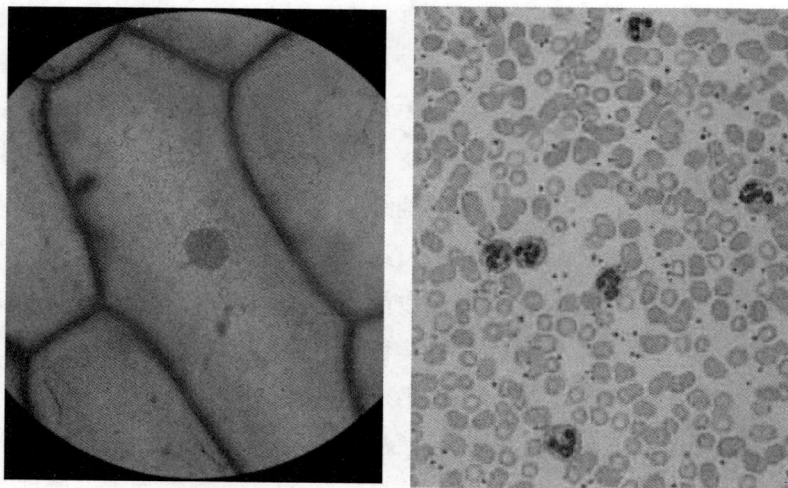

（a）洋葱表皮细胞　　　　（b）人体白细胞

图 5-4　洋葱表皮细胞和人体白细胞

A. 细胞壁　　　　　　　　B. 细胞膜

C. 细胞核　　　　　　　　D. 核糖体

问题 2：洋葱表皮细胞 VS 人的白细胞（层次：再现、回忆）

白细胞旧称白血球，是血液中的一类细胞。白细胞也通常被称为免疫细胞、人体和动物血液及组织中的无色细胞，有细胞核，能做变形运动。白细胞一般有活跃的移动能力，它们可以从血管内迁移到血管外，或从血管外组织迁移到血管内。因此，白细胞除存在于血液和淋巴中外，也广泛存在于血管、淋巴管以外的组织中。以下细胞属于颗粒白细胞的是_____。

A. 嗜中性粒细胞　　　　　B. 单核细胞

C. 淋巴细胞　　　　　　　D. 巨噬细胞

问题 3：洋葱表皮细胞 VS 人的白细胞（层次：分析、综合）

洋葱表皮细胞与人的白细胞不论是在结构还是功能上都存在有较大差异，以下为两者共有的结构是＿＿＿＿。

A. 细胞壁　　　　　　　　　B. 质体

C. 细胞膜　　　　　　　　　D. 中心粒

问题4：洋葱表皮细胞 VS 人的白细胞（层次：理解、应用）

即便洋葱表皮细胞和人的白细胞存在着种种不同，但它们作为构成生命基本元件的细胞还是存在许多共有的性质。例如，两者都有细胞核，细胞核内存在遗传物质，两者都具有细胞膜等。既然都具有细胞膜，那么洋葱表皮细胞和人的白细胞是否能够进行细胞融合呢？请写出你的理由。

_____

_____

_____。

本样题测试的是生物学基本实验技能中的操作技能，考查的是对临时装片和永久装片的观察。临时装片是从生物体上撕取或挑取的材料制成的、用于进行显微镜观察的切片。制作临时装片的步骤为："一擦、二滴、三取、四浸、五盖、六染、七吸"，具体如下：

①擦净载玻片；

②滴一滴生理盐水于载玻片上；

③取样品；

④将样品浸入载玻片上的液体中；

⑤盖上盖玻片；

⑥将染液滴于盖玻片一侧；

⑦用滤纸从另一侧吸去染液。

本样题中人的血涂片就是永久装片。

永久装片和临时装片制作过程基本一致，只是在染色时需要预先将材料染色，且需防止材料中的细胞脱水变形，所以需要进行封片——用加拿大树胶密封载玻片和盖玻片，防止水分蒸发。

观察能力是初中学生最基本也是最重要的一个能力。通过实验培养学生的观察能力是初中生物学教学的一个重要目标。因此初中生物教师对观察方法及怎样培养学生的观察能力要有充分的理解。观察，有人也称它为思维的知觉——有目的、有计划、比较持久的知觉。它是以视觉为主，融其他感觉为一体的综合感知，是知觉的一种高级形式。观察力即观察能力，是指能够迅速准确地看出对象和现象的那些典型的但并不很显著的特征和重要细节的能力。它是个人通过长期观察活动所形成的能力。观察力是智力结构的一个重要要素，是智力发展的基础。

学生的观察能力发展分为以下三个层次。

①运用感官辨别事物的特征（用单一或多种感官直接观察或利用仪器间接观察）。

②能够依据时间顺序或空间位置的不同观察事物的变化。

③能够依据对某种概念的认知，有计划地观察（选择观察的方法、时间、角度、记录方法等）。

在通过观察切片培养学生观察能力时，要根据学生观察能力的发展状况，初一的学生观察能力属于前两个层次，要引导他们利用显微镜对洋葱表皮细胞和人的血细胞进行间接的观察，通过观察掌握植物细胞和动物细胞的特征。

在进行观察时，应该注意以下几个方面。

①观察要细致、全面、客观。细致，就是要精细地辨别，特别是不要被表面现象或突出的部分掩盖了细节，掩盖了本质。全面，就是要观察事物的各个方面，即前后、左右、上下、里外，从整体到局部，各部分之间的联系以及事物的发展过程，都应观察在内。客观，就是要在观察中不掺杂任何主观的、情感的因素，不能用自己已有的主观意识来替代事物的客观情况，也就是不能想当然。

②观察要抓住事物的特征（能够观察出事物最突出、最具特色、与众不同的一点，从而把它与其他事物区分开来）。

③观察要展开联想和想象（从心理学意义上讲，联想可以分为四种：类似联想，即从事物之间的相似性方面想起；接近联想，即从空间

和时间方面接近的事物想起；对比联想，是从相反的或相对的事物想起；因果关系联想，则是从事物的原因结果方面想起）。

样题 23：脂肪的鉴定（本样题由延庆教研中心李明娥设计底题）

生物组织中的脂肪大量存在于植物的种子、果实细胞和动物的脂肪细胞中。人类所需的各种食物中几乎都含有一定数量的脂肪，我们每天从食物中获得的脂肪，有相当一部分是烹调用的油脂。人们吃的动物油、植物油，统称油脂。油不溶于水，液体的叫"油"，凝固的称做"脂"（即通常所说的"脂肪"，又叫三脂酰甘油、三脂酰甘油酯）。是甘油的三个羟基和三个脂肪

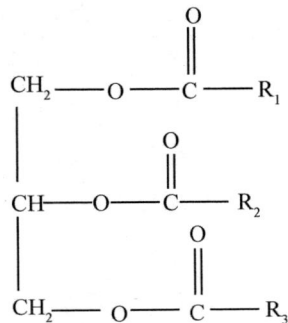

图 5-5　脂肪结构简式

酸分子缩合、失水后形成的酯，又叫甘油酯。结构简式如图 5-5 所示（R_1、R_2 和 R_3 可以相同，也可不完全相同甚至完全不同）。

脂肪是饮食中不可缺少的一种营养素，合理地食用脂肪是非常重要的。人吃了脂肪食物以后，进入人体的脂肪分子在相应的酶作用下，与三个水分子发生反应，会生成一个甘油分子和三个脂肪酸分子。它们各自又进一步反应，为人体提供能量和必要的物质。

人体摄入的脂肪在满足能量需要以后，如果略有积余，就会把它贮藏起来，供以后使用，因此脂肪主要是生物体内储存能量的物质。

问题 1：脂肪的鉴定（层次：再现、回忆）

根据你对脂肪知识的了解，写出高等动物和人体内的脂肪还有什么作用？

（至少写出两点）。

_____

问题 2：脂肪的鉴定（层次：分析、综合）

说起脂肪肝，人们都以为是营养过剩、身体太胖才会得，其实营养不良、减肥过度或过快也会患上脂肪肝。患脂肪肝的病人有轻度的疲乏、食欲不振、腹胀、嗳气、肝区胀满等感觉。这种情况会影响肝

细胞的功能，长期发展下去，可能会使肝细胞坏死，结缔组织增生，最终造成肝硬化。

下列选项中不是导致脂肪肝原因的是_____。

A. 肝脏功能不好

B. 吃一些含卵磷脂较多的食物

C. 脂蛋白合成受阻

D. 磷脂等的合成减少

问题3：脂肪的鉴定（层次：理解、应用）

生物组织中的脂肪可以被苏丹Ⅲ染液染成橘黄色，被苏丹Ⅳ染液染成红色。根据这一原理可以来鉴定生物组织中的脂肪成分。请你根据下面所给实验材料设计一个实验，鉴定花生种子中含有脂肪。

材料器具：

①实验材料：用水浸泡过的花生种子；

②仪器：双面刀片、吸水纸、载玻片、盖玻片、毛笔、显微镜；

③试剂：苏丹Ⅲ和苏丹Ⅳ染液、50%的酒精溶液、蒸馏水。

问题4：脂肪的鉴定（层次：理解、应用）

在上述有关显微镜操作中错误的是_____。

A. 标本染色较深，应选用凹面反光镜和大光圈

B. 将位于视野内右上方的图像移向中央，应向右上方移动装片

C. 若转换高倍物镜观察，需要先升镜筒，以免镜头破坏装片

D. 转换高倍物镜之前，应先将所要观察的图像移到视野正中央

本样题测试的是生物学基本实验技能中实验操作技能，考查在鉴定脂肪的实验中植物组织切片的制作方法、脂肪的鉴定方法及显微镜的操作技术。

知识链接

脂肪是脂质中最常见的物质。脂肪所含的化学元素主要是C、H、O，部分还含有N、P等元素。脂肪是由甘油和脂肪酸组成的三酰甘油酯，其中甘油的分子比较简单，而脂肪酸的种类和链的长短却不相同。脂肪酸分三大类：饱和脂肪酸、单不饱和脂肪酸、多不饱和脂肪酸。脂

肪在多数有机溶剂中溶解，但不溶解于水。脂肪的性质和特点主要取决于脂肪酸，不同食物中的脂肪所含有的脂肪酸种类和含量不一样。自然界有 40 多种脂肪酸，因此可形成多种脂肪酸甘油三酯。脂肪酸一般由 4～24 个碳原子组成。

脂肪有如下的生理功能。

①脂肪是生物体内储存能量的物质并供给能量。脂肪中有多个碳氢链，所以是含能量较多的分子。1 克脂肪在体内分解成二氧化碳和水并产生 38 千焦（9 千卡）能量，比 1 克蛋白质或 1 克碳水化合物高一倍多。

②脂肪是生物体中重要的生理物质。脂肪是生命的物质基础，是人体内的三大组成成分（蛋白质、脂肪、碳水化合物）之一。磷脂、糖脂和胆固醇构成细胞膜的类脂层，胆固醇又是合成胆汁酸、维生素 D_3 和类固醇类激素的原料。

③脂肪具有维持体温和保护内脏、缓冲外界压力的功能。皮下脂肪可防止体温过多向外散失，减少身体热量散失，维持体温恒定。也可阻止外界热能传导到体内，有维持正常体温的作用。内脏器官周围的脂肪垫有缓冲外力冲击、保护内脏的作用，减少内部器官之间的摩擦。

④脂肪为生物体提供必需的脂肪酸。

⑤脂肪是脂溶性维生素的重要来源。鱼肝油和奶油富含维生素 A 和维生素 D，许多植物油富含维生素 E。脂肪还能促进这些脂溶性维生素的吸收。

⑥脂肪能增加饱腹感。脂肪在胃肠道内停留时间长，所以有增加饱腹感的作用。

动物的脂肪中不饱和脂肪酸很少，植物油中则较多。膳食中饱和的脂肪酸太多会引起动脉粥样硬化，因为脂肪及胆固醇均会在血管内壁上沉积而形成斑块，这样就会妨碍血流，产生心血管疾病。

三、实验分析技能

无论是定性实验还是定量实验都可以为我们得到实验结论提供可靠

依据，我们需要根据实验中观察到的现象或获得的数据进行分析，从而得到结论。常用的分析方法有比较的方法和归纳的方法。比较方法是找出分析对象之间的差异或共同点进行对比分析。在相同中找差异，对分析对象进行人为的控制实验条件，发现不同点。在差异中找相同，通过对多个研究对象的比较找出它们共有的特点。

归纳的方法是由个别到一般的认识方法，是生物学实验中最常用的分析方法，通过对具体的、个别的事物的认识和研究找出一般性规律。运用归纳法首先需要大量的实验事实，然后研究这些事实，对众多的实验、现象和客观事实进行归纳整理，经过抽象与概括、分析与比较找出普遍性的规律。

样题 24：藓类的叶片细胞和人的口腔上皮细胞（本样题由北京牛栏山一中王培栋设计底题）

藓类的叶片细胞和人的口腔上皮细胞通过光学显微观察，能够识别一些结构，但如果通过电子显微镜观察，则能够观察到更为精细的结构。

将制作好的藓类的叶片临时装片放在低倍镜下观察，找到叶片细胞后，换用高倍镜可以观察到叶片细胞内叶绿体的形态和分布情况（见图 5-6（a））。在高倍镜下观察经过染色的口腔上皮细胞临时装片，可以看到蓝绿色的线粒体，细胞质接近无色（见图 5-6（b））。

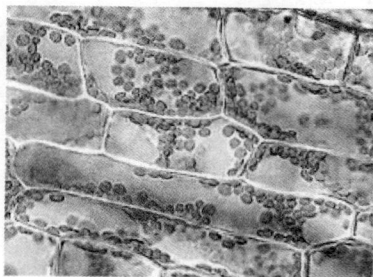 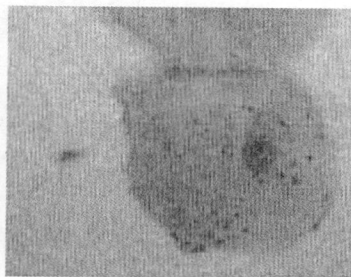

(a)叶绿体　　　　　　　　　　　(b)线粒体

图 5-6　叶片中的叶绿体和口腔上皮细胞中的线粒体

问题 1：藓类的叶片细胞和人的口腔上皮细胞（层次：再现、回忆）

叶绿体和线粒体共有的结构名称是_____。

(a) 人的口腔上皮细胞中
DNA和RNA的分布

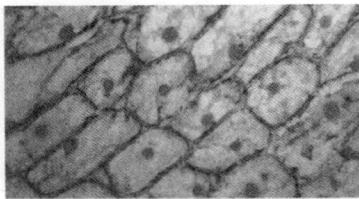

(b) 藓菜叶片细胞中
DNA和RNA的分布

图 5-7　人体口腔上皮细胞和藓菜叶片细胞中 DNA 和 RNA 的分布

A. 外膜、内膜和基质　　　B. 外膜、嵴和基质

C. 外膜、类囊体和基粒　　D. 基质、基粒和类囊体

问题 2：藓类的叶片细胞和人的口腔上皮细胞（层次：理解、应用）

如图 5-7 所示，用甲基绿和吡罗红两种染色剂对藓类的叶片细胞和人的口腔上皮细胞进行染色，甲基绿使 DNA 呈现绿色，吡罗红使 RNA 呈现红色，通过染色后观察，DNA 和 RNA 主要分布的区域是_____。

A. 都主要分布在细胞核

B. 都主要分布在细胞质

C. DNA 主要分布在细胞质，RNA 主要分布在细胞核

D. DNA 主要分布在细胞核，RNA 主要分布在细胞质

问题 3：藓类的叶片细胞和人的口腔上皮细胞（层次：分析、综合）

在电子显微镜下分别观察藓类的叶片细胞和人的口腔上皮细胞，具有双层膜的细胞器是_____。

A. 内质网、叶绿体　　　B. 叶绿体、线粒体

C. 高尔基体、内质网　　D. 细胞核、线粒体

问题 4：藓类的叶片细胞和人的口腔上皮细胞（层次：理解、应用）

用一定的方法将藓类叶片的细胞壁去掉，再用绿色荧光染料标记其细胞表面的蛋白质分子，用红色荧光的染料标记人的口腔上皮细胞表面的蛋白质分子，然后使两种细胞融合，刚融合时，融合的细胞一半发绿色荧光，一半发红色荧光，在一定的时间和温度条件下，两种颜色的荧光均匀分布，这表明_____。

该样题测试的是生物学基本实验技能中实验分析技能，考查的是运用比较的方法进行实验分析。该样题展示了两种细胞：藓类的叶片细胞（植物细胞）和人的口腔上皮细胞（动物细胞）。通过在光学显微镜和电子显微镜下观察藓类的叶片细胞和人的口腔上皮细胞，从不同的角度进行比较分析，如从观察重要的细胞器的结构——线粒体、叶绿体的角度，从遗传物质 DNA、RNA 在两种细胞中分布的角度，从电镜下膜结构的角度，从细胞膜流动性的角度等进行比较分析，发现植物细胞与动物细胞之间的异同并找出变化的规律。在相同中找差异，在差异中找相同。

样题 25：变形虫与杯状藻（本样题由怀柔一中喻凤云设计底题）

科学家做过这样的实验。将变形虫（见图 5-8）切成两半，一半有核，一半无核。无核的一半虽然仍能消化已经吞噬的食物，但不能摄取食物；对外界刺激不再发生反应；电镜下可以观察到退化的高尔基体、内质网等。有核的一半情况则大不相同，照样摄食，对刺

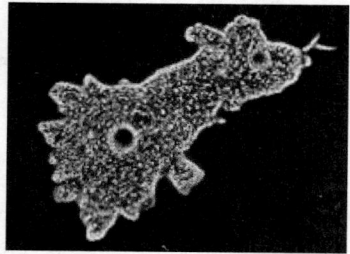

图 5-8 变形虫

激仍有反应，失去的伸缩泡可以再生，还能生长和分裂。如果用显微钩针将有核一半的细胞核钩出，这一半的行为就会像上述无核的一半一样。如果及时植入同种变形虫的另一个核，各种生命活动又会恢复（见图 5-9）。

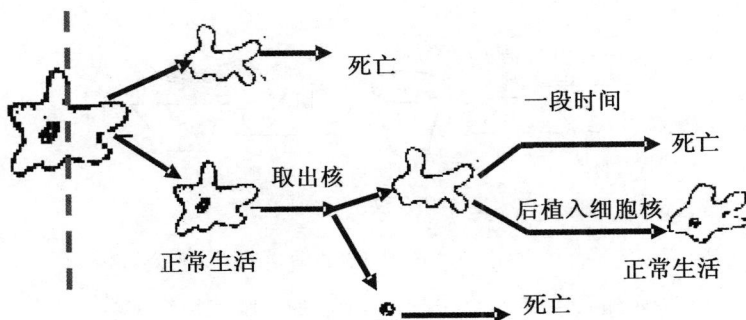

图 5-9　变形虫实验过程

问题 1：变形虫与杯状藻（层次：再现、回忆）

分析上述实验过程，结论最科学的是_____。

A. 人工去核的细胞，一般不能存活多久

B. 细胞核是遗传物质储存和复制的场所

C. 细胞核是细胞遗传特性的控制中心

D. 细胞核在细胞的生命活动中起决定性作用

问题 2：变形虫与杯状藻（层次：分析、综合）

下列有关细胞核的叙述中，错误的是_____。

A. 是细胞进行新陈代谢的场所

B. 是遗传物质储存和复制的场所

C. 是细胞遗传特性和代谢活动的控制中心

D. 具有双层膜结构

问题 3：变形虫与杯状藻（层次：分析、综合）

汉麦林的实验如图 5-10 所示，将单细胞的地中海杯状藻先在近核处切断，再在近杯处切断（a），中间的茎（b）置于海水中可再生一杯（c），但将此杯切掉后，不能再生第二个杯（d）。这个实验可以说明_____。（可多选）

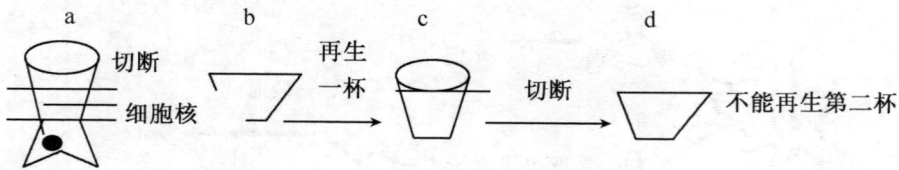

图 5-10　汉麦林实验

A. 决定杯状藻藻杯形态发生的遗传信息来自细胞核

B. 决定杯状藻藻杯形态发生的遗传信息来自细胞质

C. 杯状藻藻杯的形态发生是细胞核和细胞质遗传信息共同作用的结果

D. b 能再生一杯是因为 b 中含有与藻杯发生有关的物质

问题 4：变形虫与杯状藻（层次：分析、综合）

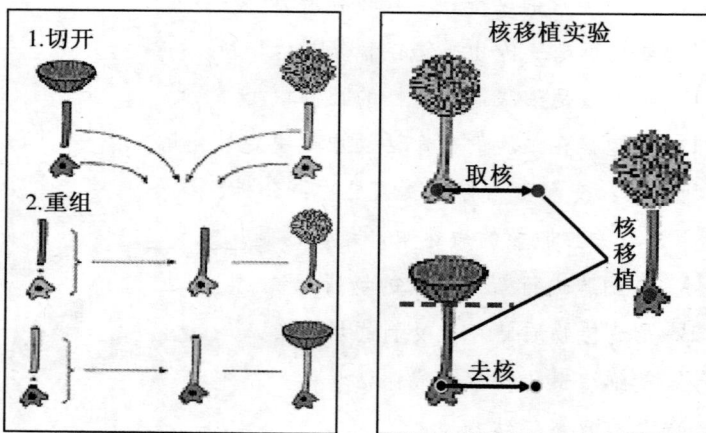

图 5-11　两种单细胞伞藻的幼体相互嫁接的实验过程

图 5-11 为两种单细胞伞藻的幼体相互嫁接的实验过程示意图。图中表示的实验结果主要说明了＿＿＿＿＿＿＿＿＿＿＿＿＿＿＿＿＿＿＿＿
＿＿＿＿＿＿＿＿＿＿＿＿＿＿＿＿＿＿＿＿＿＿＿＿＿＿＿＿＿。

问题 5：变形虫与杯状藻（层次：理解、应用）

从上述变形虫的实验和杯状藻的实验，可以得到的结论是＿＿＿＿＿
＿＿＿＿＿＿＿＿＿＿＿＿＿＿＿＿＿＿＿＿＿＿＿＿＿＿＿＿＿＿。

本样题测试的是生物学基本实验技能中的实验分析技能，考查对实验现象的分析能力。该样题既考查通过比较得出结论的实验分析方法，又考查运用归纳的方法找出一般性规律。例如，本样题研究细胞核对个体形状的控制。由三个系列活动组成。

系列活动1：将变形虫切成两半，将无核的一半植入细胞核。通过该活动，得到的实验结论是细胞核是遗传特性和代谢活动的控制中心。

系列活动2：杯状藻藻杯的再生实验。通过该实验得到的实验结论是决定杯状藻藻杯形态发生的遗传信息来自细胞核。

系列活动3：杯状藻的嫁接与核移植实验。通过该实验得到的实验结论是生物体形态结构的建成主要与细胞核有关；细胞核决定单细胞伞藻的性状，因为遗传物质存在于细胞核中。

第六章 生物学科特有的视角、方法及样题分析

《生物课程标准》指出，生物学是自然科学中的一门基础学科，是研究生命现象和生命活动规律的科学。朱正威教授指出，虽然生命科学和其他自然科学有其共性，遵循基本的物质运动规律，有相似的科学研究方法、相似的哲学思考，但生命科学有其因研究的对象不同、发展的历史不同、运用的方法不同等所形成的学科特征，即它的个性。因此生物学科有其特有的学科视角和方法。中学生物学阶段，生物学特有的视角、方法主要集中在三个方面，一是生命活动的调节，二是生物对环境的适应，三是学科特有的方法。

一、生命活动的调节

无论从结构还是从功能上讲，生物体都是一个复杂的系统，这个系统不断地与周围环境进行物质交换和能量的流动，同时自身不断地进行生长发育、繁衍后代，这一切能够有序进行，完全依靠调节。调节是生命所特有的现象，是生物学的一个视角。

生命活动的调节作用表现为反馈和自身调节现象。"反馈"是工程技术自动控制理论上的术语。由控制部分（中枢）发出的信息可改变受控部分（效应器）的状态，而受控部分反过来又发出信息，把接收控制的状态结果不断地报告给控制中枢，使控制中枢不断地修正和调整发出的信息，以达到对受控部分的精确调节。这种由受控部分返回到控制部分的信息称为反馈因袭，这种调节方式称为反馈调节，其过程如图 6-1 所示。

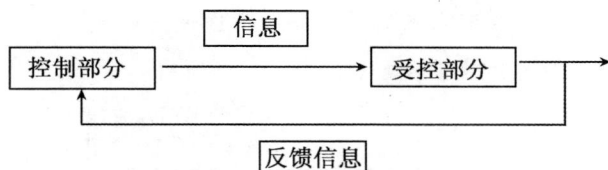

图 6-1　反馈调节过程

　　如果某一生命活动过程被触发后，通过反馈调节使该过程加强了，这样的反馈调节称为正反馈；如果某一生命活动过程被触发后，通过反馈调节使该过程减弱了，这样的反馈调节称为负反馈。负反馈在生命活动的调节中起着更重要的作用，而且更为常见。

　　自身调节是指生物体的组织、器官在活动超过一定限度时，能够通过该组织、器官自身的活动进行调节，使不致趋于过度。

　　中学生物教师生命的调节的观测点及样题如表 6-1 所示。

表 6-1　中学生物教师生命的调节的观测点及样题

学科知识结构观测点	观测点举例	样题	层次		
			再现、回忆	分析、综合	理解、应用
调节	个体生命活动的调节	棘鱼的习性	问题 4	问题 1、问题 2、问题 3	
	群体的调节	林德曼与"十分之一定律"	问题 2	问题 1、问题 3	问题 4

样题 26：棘鱼的习性（本样题由大兴教研中心桂登兰设计底题）

棘鱼（见图 6-2）是一种容易在玻璃缸中饲养的鱼类。

　　在繁殖期，雄棘鱼的腹部将由银色变为红色，雄棘鱼会袭击并赶走任何到他领域寻衅的雄棘鱼，如果银白色的雌棘鱼靠近，他会带她进入自己的巢穴，便于雌鱼产卵。某学生通过实验调查是什么因素使雄棘鱼表现出好斗的习性。

　　该学生的玻璃缸里仅有一条雄棘鱼。他将 3 种不同颜色蜡制模型绕上金属线，将模型以相同时间分别吊进玻璃缸中。然后记下雄棘鱼对 3 种蜡制模型的攻击次数。

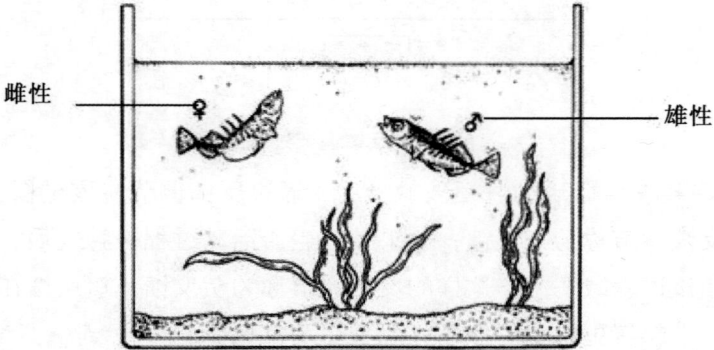

图 6-2　棘鱼

实验结果如图 6-3 所示。

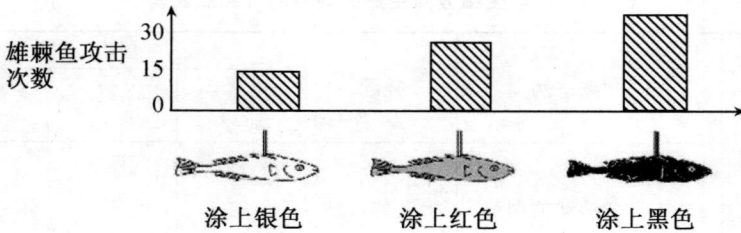

图 6-3　棘鱼实验结果

问题 1：棘鱼的习性（层次：分析、综合）

该实验试图回答什么问题？

_____。

问题 2：棘鱼的习性（层次：分析、综合）

在繁殖期，雄棘鱼会袭击并赶走任何到他领域寻衅的雄棘鱼，这个现象属于_____。

A. 条件反射　　　　　　　　B. 非条件反射

C. 本能　　　　　　　　　　D. 学习

问题 3：棘鱼的习性（层次：分析、综合）

实验显示，在繁殖期，雄棘鱼对红腹的同性展开攻击，对银色腹部的异性求爱。这种行为属于_____。

A. 摄食行为　　　　　　　　B. 领域行为

C. 防御行为　　　　　　　　D. 繁殖行为

问题 4：棘鱼的习性（层次：再现、回忆）

题干中描述的棘鱼的这种行为是在什么因素的调节之下进行的？

_____。

　　本样题以棘鱼的繁殖行为为载体，考查教师对生物个体生命活动调节的理解。激素对动物的行为有明显的激活效应并常常涉及到行为、激素和环境三者之间的复杂作用。激素的调节属于体液调节，激素的作用直接影响到动物的性行为表现，包括求偶行为和攻击行为。在棘鱼的繁殖行为中，每个棘鱼的体内生理状况都同来自环境的刺激相互作用，从而表现出我们所观察到的行为，这里起作用的因素包括三个方面：一是雌、雄棘鱼的行为表现，互相影响对方的激素分泌和行为变化；二是雌、雄棘鱼体内的激素状态；三是来自环境的刺激。

知识链接

　　个体生命活动的调节主要包括神经调节和体液调节两种形式。神经调节是通过神经系统而实现的调节机制，不仅使机体内部联系起来，而且使机体与外部环境联系起来。神经调节主要是通过反射来实现。反射就是机体对内外环境变化产生的反应，反射的结构基础是反射弧。体液调节是机体的某些细胞能产生某些特异性的化学物质，这些化学物质可以通过血液运送到全身，以调节机体的新陈代谢、生长、发育、繁殖等机能活动。在通常情况下，神经调节与体液调节相辅相成，共同完成机体机能调节的任务。

样题 27：林德曼与"十分之一定律"（本样题由牛栏山一中王培栋设计底题）

林德曼（R. L. Lindeman，1915—1942）：美国人，生态学家。1941 年美国耶鲁大学生态学家林德曼发表了《一个老年湖泊内的食物链动态》的研究报告。他对 50 万平方米的湖泊——赛达伯格湖的能量流动进行了定量分析，经过野外调查和研究，他用确切的数据说明了在赛达伯格湖中生物量从绿色植物向食草动物、食肉动物等按食物链的顺序在不同营养级上转移时，有稳定的数量级比例关系（见图 6-4），通常后一级生物量只等于或者小于前一级生物量的 1/10。林德曼把生态系统中能量的不同利用者之间存在的这种必然的定量关系，叫做"十分之一定律"。

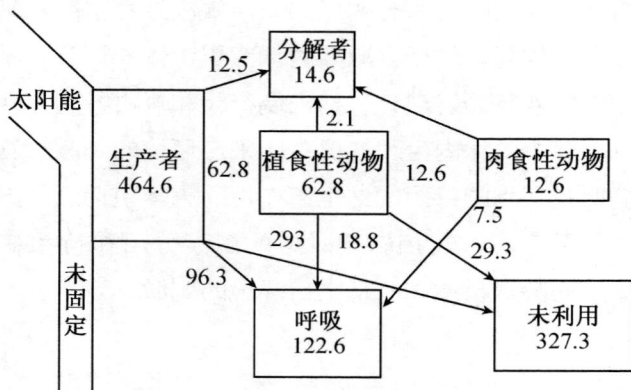

注：图中的数字为能量数值，单位是 $J/(cm^2 \cdot a)$。图中的"未固定"是指未被固定的太阳能，"未利用"是指未被后一个营养级和分解者利用的能量。为研究方便起见，这里将肉食性动物作为一个营养级。

图 6-4 不同营养级上的数量比例关系

问题 1：林德曼与"十分之一定律"（层次：分析、综合）

据图 6-4 判断下列说法中错误的一项是_____。

A. 流经该生态系统的总能量是 464.6J/（cm² · a）

B. 图中的"未利用"是指未被自身呼吸消耗，也未被后一个营养级和分解者利用的能量

C. 从图中可以看出，生态系统的能量流动具有单向流动和逐级递减的特点

D. 图中的"2.1"是指植食性动物遗体残骸中蕴涵的能量

问题 2：林德曼与"十分之一定律"（层次：再现、回忆）

生态系统是一个需要能量才能运转的系统，流经赛达伯格湖的总能量是下列_____项。

A. 生产者通过光合作用固定下来的太阳能

B. 生产者传递到植食性动物和肉食性动物的能量

C. 生产者、植食性动物和肉食性动物储存的总能量

D. 太阳光照在湖面上的能量

问题 3：林德曼与"十分之一定律"（层次：理解、应用）

此生态系统中能量从第一营养级传递到第二营养级的效率是_____。

A. 10%　　　　　　　　　　B. 20%

C. 13.5%　　　　　　　　　D. 15%

问题 4：林德曼与"十分之一定律"（层次：分析、综合）

下列对赛达伯格湖稳态的叙述正确的是_____。

A. 生产者、消费者和分解者数量相等

B. 此湖的各营养级的生物数量越多，其自动调节能力就越大

C. 湖中各种群出生率、死亡率和迁移率的数量不变

D. 湖中物质循环和能量流动长期保持稳定状态

本样题以生态系统中能量的流动为例，测试教师对群体生命活动调节的理解。生态系统中含有多个物种，它们与其生存环境之间，以及生物个体之间通过物质循环、能量流动和信息传递相互联系，相互作用，相互制约而形成一个具有一定结构，占据一定空间，执行一定功能的动态平衡的群体。这个群体具有自我调节和维持相对平衡状态（稳态）的能力。当生态系统中的某个要素出现功能异常时，其产生的影响就会被系统做出的调节所抵消，这种调节可以被看做是某种反馈调节，这样的

调节总是在生态系统内发生某些变化时被激发。例如，当样题中赛达伯格湖的生产者产量增大时，植食性动物由于充足的食物而数量增多，肉食性动物由于植食性动物的数量增多而获得更多的食物，从而引起肉食性动物数量的增长，当植食性动物的数量由于肉食性动物数量上升而下降时，肉食性动物也会因为没有充足的食物来源而导致种群数量下降。这样一个看似简单的相关数量波动变化却是一个精准的变化，这种变化是通过生态系统自身的反馈调节实现的。通过这样的调节是生态系统中各级消费者与生产者之间保持适应，维持生态系统的平衡。

需要说明的是，生态系统的这种自身反馈调节能力是有一定限度的，当外力的影响超出这个限度，生态平衡就会遭到破坏，生态系统在短时间内会发生结构上的变化，甚至导致生态危机。

二、生物界的适应现象

每一种生物都有自己特有的生活环境，它的结构和功能总是适合于在这种环境条件下的生存和延续。这是生物对环境的适应。每种生物个体都有其特定的结构，其结构总是与所要完成的功能相适应，这是生物的结构与功能的适应。

中学生物教师生物界的适应现象的观测点及样题如表6-2所示。

表6-2　中学生物教师生物界的适应现象的观测点及样题

学科知识结构观测点	观测点举例	样题	层次		
			再现、回忆	分析、综合	理解、应用
适应	生物与环境的适应	热液生态系统	问题1	问题2	问题3、问题4
	结构与功能的适应	神奇的鸟	问题1	问题2	问题3

样题28：热液生态系统（本样题由西城教研中心张怡设计底题）

20世纪70年代末期，科学家在太平洋和大西洋数千米黑暗的冰冷洋底陆续发现了多个巨大的"热液生态系统"。这些"热液生态系统"通常分布于温度高达 350～400℃ 的高温高压的热液喷口附近。热液中富含氢气和硫化氢。该生态系统中生活着管状蠕虫、海葵、蛤、虾、鱼等生物。管状蠕虫体内生活着一些化能自养型细菌，它们从热液中获得硫离子，又从海水中获取氧气和二氧化碳，合成管状蠕虫生活所必需的有机物。

问题 1：热液生态系统（层次：再现、回忆）

科学家在太平洋和大西洋底发现的生态系统是_____。

A. 海洋生态系统   B. 高温生态系统

C. 热液生态系统   D. 淡水生态系统

问题 2：热液生态系统（层次：再现、回忆）

下列不是科学家在海洋底发现的事实是_____。

A. 热液生态系统中的热液温度达到 350～400℃

B. 热液中富含氢气和硫化氢

C. 管状蠕虫、海葵、蛤、虾、鱼等生物生活在热液生态系统中

D. 管状蠕虫能从海水中获取氧气和二氧化碳，合成有机物

问题 3：热液生态系统（层次：分析、综合）

对热液生态系统组成叙述正确的是_____。

A. 氧气不是热液生态系统组成成分

B. 海葵是热液生态系统的生产者

C. 热液生态系统中动物的食物直接或间接来自化能自养型细菌

D. 化能自养型细菌可以从管状蠕虫体内获得营养

问题 4：热液生态系统（层次：分析、综合）

下列对生物之间关系的表述和比较正确的是_____。

A. 化能自养型细菌与管状蠕虫的关系是竞争

B. 管状蠕虫与化能自养型细菌的关系是捕食

C. 热液生态系统中的化能自养型细菌所含的酶比大肠杆菌已经适应高温环境

D. 热液生态系统中的化能自养型细菌一定比陆地化能自养型细

菌更适应热的环境

该样题考查的是生物对环境的适应。生物的生存需要一定的环境条件。在宇宙中，哪里具备了生物生存的环境条件，哪里就会出现生物。在黑暗的冰冷洋底的热液喷口附近，在高达 350～400℃ 的高温高压的环境中，出现了适应这种环境的生物：管状蠕虫、海葵、蛤、虾、鱼等。它们之间互相联系、互相影响，而且也与它们生活的非生物环境密切结合在一起，构成了一个统一的生态系统——热液生态系统。生活在该热液生态系统中的生物必须能够适应极端环境下的各种生态因子，包括温度、适度、食物、氧气及其他相关生物等。

样题 29：神奇的鸟（本样题由大兴教研中心桂登兰设计底题）

鸟类有两种运动方式：一种利用翅膀飞翔；另一种是靠后肢行走、奔跑及游泳，因此需要两组不同的肌肉及支持这些肌肉的强壮骨骼。羽毛是鸟类的独具构造，除了能在翅膀及尾部制造强而轻的飞翔面外，更是鸟体表面的一层隔热装置（见图 6-5）。鸟飞行需耗费很多能量，这些能量是由体内代谢作用中快速进行的化学反应产生的。为了满足快速代谢反应的需要，鸟类演化出高效的呼吸系统及快速的循环、消化系统。肺部构造十分坚实，没有肺泡，但有许多

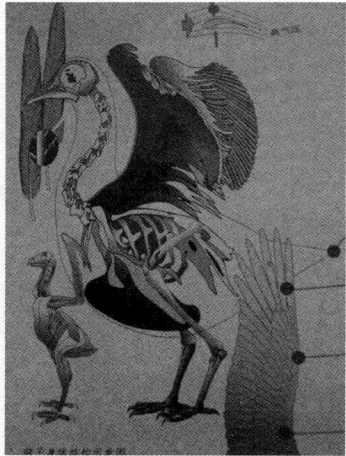

图 6-5　鸟的结构

微气管。气囊是鸟类特有的构造，呼吸时会似风箱般地鼓动，以使空气流经肺部。鸟类的心跳速度要比哺乳类动物高 2～4 倍，因此体内血液循环的速度很快，能快速地将氧运送到身体各部。

问题 1：神奇的鸟（层次：再现、回忆）

依据以上描述，在下列鸟类的外形和内部结构上适应其飞翔生活

的特点有_____。

A. 体呈纺锤形，减少阻力

B. 骨坚、薄、轻、愈合

C. 发达的神经系统、感官，能更好地协调内外环境

D. 高级的肾，排尿酸，无膀胱，与粪便一同排出

问题2：神奇的鸟（层次：分析、综合）

据图6-5，简述鸟类的皮肤和肌肉对飞翔生活所表现的适应。

①皮肤具有薄、松、韧、干的特点，有利于羽毛的活动、肌肉的运动。

②具有正羽特别是（　　），起平衡作用，飞羽则对（　　）起决定作用。

③（　　）、胸小肌特别发达；皮下肌发达。

问题3：神奇的鸟（层次：分析、综合）

蜂鸟（见图6-6）是雨燕目蜂鸟科动物的统称，蜂鸟因拍打翅膀的嗡嗡声得名。蜂鸟是唯一可以向后飞行的鸟。蜂鸟也可以在空中悬停以及向左和向右飞行。产于古巴的吸蜜蜂鸟的体长只有5.6厘米，其中喙和尾部约占一半。吸蜜蜂鸟重1.8克，是世界上已知鸟类中

图6-6　蜂鸟

最小的鸟。蜂鸟飞行时，翅膀的振动频率非常快，每秒钟在50次以上，它能飞到四五千米的高空中，速度可以达到每小时50千米，因此人们很难看到它们。最令人吃惊的是，蜂鸟的心跳特别快，每分钟达到615次。另外，有些蜂鸟有迁徙的习惯。

分析以上资料写出至少两种结构适合"倒行逆施"的蜂鸟运动。

_____。

该样题考查的是生物体的结构与功能的适应。鸟类是飞翔的恒温动物，鸟类的身体结构有很多区别于其他脊椎动物的特征，这些特征能充

分地说明生物体结构与功能的适应，是解释生物体结构与功能相适应的一个很好的例子。例如，鸟类最明显的特征是全身被羽毛覆盖（鸟类的羽实际上是爬行动物的角质鳞片演化形成的），羽毛的存在是鸟类能够飞翔的基础。与其他动物不同，鸟类的肺是由多级分支形成的复杂网状管道系统组成，丰富的毛细血管密布在微支气管周围。这种结构使得鸟类的肺接触气体面积比人肺多出约 10 倍。此外鸟类还有四对半气囊，辅助呼吸，使得鸟类无论在吸气或呼气时均有新鲜空气进入肺部进行气体交换。这种独特的呼吸方式满足了鸟类在飞翔时的高耗氧量，称为高效的双重呼吸系统。另外，鸟类在身体结构上还有身体呈流线型、骨骼薄而轻、皮肤松而干、前肢特化为翼等特点，使鸟类能适于飞翔。

三、生物学学科特有的方法

我们都说生命科学是实验科学，尤其是从定性到定量的发展中，实验愈发重要。在基础教育的生物学学习中增加实验，提高实验的质量和效益，自然十分重要。较之其他自然科学也是实验科学，生物学的特殊性在哪里？1952 年德国物理学家赫尔希（A. Hershy）和学生蔡斯（M. Chase）用放射性同位素标记法研究大肠杆菌噬菌体侵染大肠杆菌的著名实验，确证了遗传物质是 DNA 而不是蛋白质（噬菌体外壳），因而说了一段话："要揭示生命现象的本质，必须研究具有活力的有机体，那种脱离生命有机体，孤立地、单纯地去研究化学反应，试图去寻找生命现象的本质属性的答案，那是不可能的。"这告诉我们，研究活的有机体，是研究生命科学的根本方法。

基础教育中的生物教学，必须创造各种条件，组织学生去研究活的生物（连同它的生存环境）、真实的生命自然界。模拟的方法、现代媒体的使用等，都是对生物学学习和教学的补充，不应去替代对活的生物（及组织、细胞）的实验研究。当然，学习和实验研究中要爱护生物、珍惜生物材料、保护生物的生存环境。

样题 30：生态学家在野外

为了研究生态学问题，科学家们建立了一些科学研究的工作站，下面是他们在野外工作站遇到的问题。

问题 1：生态学家在野外（层次：分析、综合）

在一片植物丰富的自然区域，潜在着许多食植动物，但观察的现象是在生物生长季节里植物仍长得郁郁葱葱，只有很小比例的植物被消费掉，对这种情况合理的解释是_____。

A. 吃植物的虫子彼此竞争导致数量有限

B. 在这个区域因为植食性昆虫存在天敌，故减少了植物的消费量

C. 因为农民向此区域喷撒了农药，限制了植食性昆虫的存在

D. 食植性昆虫同时还有其他的食物来源

问题 2：生态学家在野外（层次：分析、综合）

请举出在此区域内与植食性昆虫相关的一条食物链

_____。

问题 3：生态学家在野外（层次：分析、综合）

如果在这片自然区域内观察到：

现象 1：森林中仅有小比例的叶子被消费

现象 2：鸟类吃昆虫

则形成的"鸟类捕食植食性昆虫从而减少了叶子的消费量"是_____（A 假设 B 实验结果）。

问题 4：生态学家在野外（层次：理解、应用）

图 6-7　用拦鸟网罩住的生态区域

为了验证"鸟类捕食植食性昆虫从而减少了叶子的消费量",有如下操作,用拦鸟网罩住一块区域如图 6-7 所示。

这个实验的自变量是＿＿＿＿＿＿＿＿,因变量是＿＿＿＿＿＿＿＿,这个实验设计的缺陷是＿＿＿＿＿＿＿＿＿＿＿＿＿＿＿＿＿＿＿＿＿

＿＿＿＿＿＿＿＿＿＿＿＿＿＿＿＿＿＿＿＿＿＿＿＿＿＿＿＿＿＿＿。

该样题考查的是生物学实验方法中生态学野外实验的方法。生态学以自然界生物系统为对象进行研究,揭示自然状态下,生物与环境间的相互关系及其规律。生命,不能只简单地作为单个有机体本身来认识。因为生命史的发展是有机体与环境进行物质、能量和信息交换的过程。生命有机体只有在它们同环境,包括其他有机体和无机环境相互联系和相互作用的过程中才能存在、发展和表现生命的特征。如果把有机体与其生存环境脱离开进行研究,就不能正确地反映有机体的生命现象和生命特征。因此,生态学的研究必须从生物与环境的整体性考虑,在生物生存的真实环境下进行研究,才能反映生物的本来面貌。从这个意义上说,野外实验是生物学研究有机体生命现象和生命活动的一个特有方法。

样题 31:玉米种子的萌发 (本样题由房山教师进修学校晋友奇设计底题)

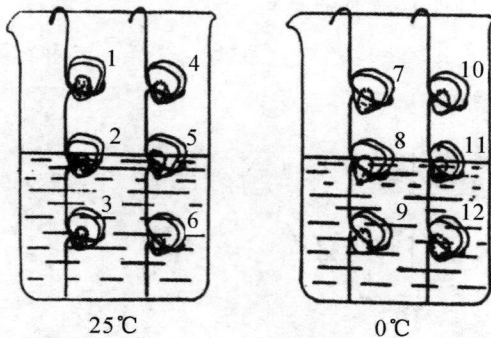

图 6-8 玉米子粒萌发实验

图 6-8 是某小组探究玉米子粒萌发实验的装置图，编号 1、2、3、7、8、9 的六粒玉米子粒饱满完整；编号 4、5、6、10、11、12 的六粒玉米子粒是无胚乳或胚受损的，其他实验条件如图所示。一周多以后，只有 2 号子粒萌发了。请根据所示的实验，分析并回答下列问题。

问题 1：玉米种子的萌发（层次：再现、回忆）

当其他因素和条件都具备时，如果只是为了证明种子萌发需要完整的胚，则应选上述试验装置中_____号玉米子粒作为实验组，选上述试验装置中_____号玉米子粒作为对照组，进行实验。

当其他因素和条件都具备时，如果只是为了证明种子萌发需要空气，则应选上述试验装置中_____号玉米子粒作为实验组，选上述试验装置中_____号玉米子粒作为对照组，进行实验。

问题 2：玉米种子的萌发（层次：分析、综合）

如果选用上述试验装置中 2 号玉米子粒与 8 号玉米子粒做对照实验，那么此实验探究的最大可能是：玉米种子萌发的_____条件。

如果选用上述试验装置中 2 号玉米子粒与 1 号玉米子粒做对照实验，那么此实验探究的最大可能是：玉米种子萌发的_____条件。

问题 3：玉米种子的萌发（层次：分析、综合）

本实验证明：

玉米种子萌发所需的内部因素是：应具有完整的_____并且储藏有营养。

玉米种子萌发必须要有一定的空气、温度和_____等外界条件。

实验是我们在科学研究过程中广泛采用的一种研究方法。它既是科学教学的一项重要内容，也是一种常用的教学方法。科学实验可以人为地控制条件，有效地减少次要因素的影响。通过实验教学中观察实验现象，记录实验数据和结果，对实验记录的分析和处理，得出科学的结论等过程，使学生获得知识，掌握科学研究的方法，发展学生的能力。生物学属于科学领域，生物学实验具有科学实验的属性与功能，但生物学是研究生命现象的科学，因此生物学实验具有自己的独特性，即对活的有机体进行研究，它是人们依据科学研究的目的，运用有效的仪器和设备，对研究对象加以控制，减少非本质因素的干扰，在特定的环境中或特定的条件下研究生命现象及生命自然规律的一种科学活动。

该样题研究的是处于生长状态的玉米，考查的是生物学在研究活的有机体实验过程中对照实验的设计和分析能力。

知识链接

对照是实验控制的手段之一，目的仍在于消除无关变量对实验结果的影响。通常，一个实验总分为实验组和对照组。实验组是接受实验变量处理的对象组。对照组亦称控制组，对实验假设而言，是不接受实验变量处理的对象组。

对照实验通常有以下四种类型：

空白对照组指不做任何实验处理的对象组。例如在"生物组织中可溶性糖的鉴定"的实验中，向甲试管溶液中加入试剂，而乙试管溶液中不加入试剂，一起进行沸水浴，比较它们的变化。这样，甲为实验组，乙为对照组。空白对照能明白地对比和衬托出实验组的变化和结果，增加说服力。

自身对照指实验与对照在同一对象上进行，即不另设对照。单组法和轮组法，一般都包含有自身对照。如"植物细胞的质壁分离和复原"实验，则是典型的自身对照。自身对照，方法简便，关键是要看清楚实验处理前后现象变化的差异，实验处理前的对象状况为对照组，实验处理后的对象变化则为实验组。

条件对照指虽给对象施以某种实验处理，但这种处理是作为对照意义的，或者说这种处理不是实验假设所给定的实验变量意义的。例如，"动物激素饲喂小动物"的实验采用等组实验法，实验设计方案是：

甲组：饲喂甲状腺激素（实验组）

乙组：饲喂甲状腺抑制激素（条件对照组）

丙组：不饲喂药剂（空白对照组）

上述实验既设置了条件对照，又设置了空白对照，通过比较、对照，更能充分说明实验变量（甲状腺激素）对实验结果（促进小动物的生长发育）的影响。

相互对照指不另设对照组，而是几个实验组相互对比对照。在等组实验法中，若不设空白对照，则大都是运用相互对照。如"植物激素与向性实验"的等组实验中，五个实验所采用的都是相互对照。采用相互对照，能较好地平衡和抵消无关变量的影响，使实验结果具有可信度和说服力。

第七章 生物学核心概念及PISA样题分析

新课程改革的一个核心是要提高学生作为公民的科学素养。提高科学素养不是追求对科学事实和信息量的更多占有，而是要求对核心概念和科学思想的深刻领悟。因此，学生牢固地、准确地建立起反映生物学思想的基本的生物学核心概念体系，应当是中学生物学教学的主要目标。对生物学核心概念的掌握程度反映了一个人的生物学素养。因为生物学核心概念是反映学科本质的、构成学科骨架的概念，它们的组合能够反映生物科学的基本面貌。生物学核心概念应该是构成学科基本框架的概念，是对今后学习起支持作用的概念，是具有思维训练价值的概念。

中学生物教师对生物学核心概念的观测点及其样题如表7-1所示。

表7-1 中学生物教师对生物学核心概念的观测点及其样题

学科知识结构观测点	观测点举例	样题	层次		
			再现、回忆	分析、综合	理解、应用
生物学核心概念	构成学科基本框架的概念	细胞	问题1	问题2、问题3	问题4
		光合作用	问题1	问题2、问题3	问题4
	对继续学习起支持作用的概念	反射	问题1	问题2、问题3	问题4
		激素	问题1	问题2	问题3

学科知识结构观测点	观测点举例	样题	层次		
			再现、回忆	分析、综合	理解、应用
生物学核心概念	具有思维训练价值的概念	生物群落	问题1	问题2、问题3、问题4、问题5	
		有丝分裂	问题1	问题2、问题3	问题4

一、构成学科基本框架的概念

生物学是研究生命现象和生命活动规律的科学，在生物学这门基础自然科学中，离不开对事物和现象的过细描述和具体分析。核心概念可以揭示科学知识的本质及其相互联系，能够将过细的描述和具体分析的信息片段融入广阔的、有逻辑内聚力的结构中，在这样的结构中，信息片段的关系被凸显出来。因此，在生物学教学中，要建构汇集信息片段的知识结构，并能将其纳入到上述的全信息结构之中，这个知识结构的节点就是学科的核心概念，因此它是构成学科基本框架的概念。

样题 32：细胞（本样题由北师大大兴附中孙健设计底题）

1665 年罗伯特·虎克在观察软木塞的切片时看到软木中含有一个个小室将其命名为"细胞"。其实这些小室并不是活的结构，而是细胞壁所构成的空隙，但细胞这个名词就此被沿用下来。罗伯特·虎克第一个观察到了死细胞。

1677 年列文·胡克用自己制造的简单显微镜观察到动物的"精虫"时，并不知道这是一个细胞。列文·胡克第一个观察到了活细胞。

通过对细胞结构的研究发现，细胞包括真核细胞、原核细胞和古核细胞三类。

真核细胞（eukaryotic cell）指含有真核（被核膜包围的核）的细胞。其染色体数在一个以上，能进行有丝分裂，还能进行原生质流动和变形运动。而光合作用和氧化磷酸化作用则分别由叶绿体和线粒体进行。除细菌和蓝藻植物的细胞以外，所有的动物细胞以及植物细胞都属于真核细胞。

原核细胞指没有核膜且不进行有丝分裂、减数分裂、无丝分裂的细胞。这种细胞不发生原生质流动，观察不到变形虫样运动。鞭毛呈单一的结构。光合作用、氧化磷酸化在细胞膜进行，没有叶绿体、线粒体等细胞器的分化，只有核糖体。

古核细胞也称古细菌：是一类很特殊的细菌，多生活在极端的生态环境中。具有原核生物的某些特征，如无核膜及内膜系统；也有真核生物的特征，如以甲硫氨酸起始蛋白质的合成，核糖体对氯霉素不敏感，RNA聚合酶和真核细胞的相似，DNA具有内含子并结合组蛋白；此外还具有既不同于原核细胞也不同于真核细胞的特征，如：细胞膜中的脂类是不可皂化的，细胞壁不含肽聚糖，有的以蛋白质为主，有的含杂多糖，有的类似于肽聚糖，但都不含胞壁酸、D型氨基酸和二氨基庚二酸。

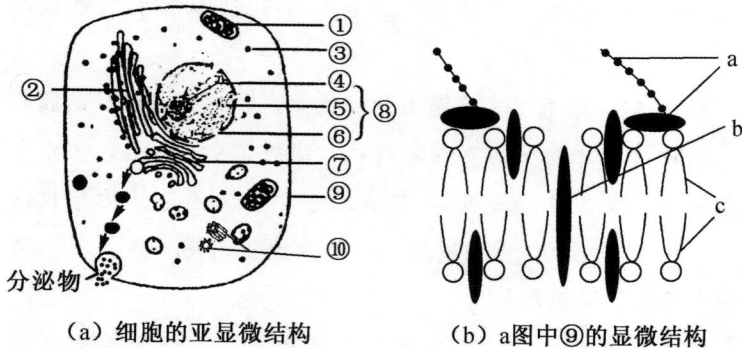

（a）细胞的亚显微结构　　　（b）a图中⑨的显微结构

图 7-1　细胞的亚显微结构

图 7-1（a）是细胞的亚显微结构模式图，图 7-1（b）表示图 7-1（a）中⑨结构的示意图，细胞膜是整个细胞的边界，其重要功能是将细胞内环境与外环境隔开，通过细胞膜的独特结构控制物质进出细胞，实现细胞自身的物质更新，以维持细胞内部的稳态。同时细胞还有自己的生命周期，以维持所组成多细胞生物基本功能单位上的更新和生命体组成结构与功能的稳态。

问题 1：细胞（层次：再现、回忆）

细胞膜的组成成分中对各种离子起选择透过性作用的是_____。

A. 磷脂分子　　　　　　　　B. 蛋白质分子

C. 多糖分子　　　　　　　　D. 蛋白质分子与多糖分子

问题 2：细胞（层次：分析、综合）

人体细胞对代谢产生的二氧化碳、水、尿素能够迅速排出，依赖_____方式。

A. 主动运输　　　　　　　　B. 协助扩散

C. 自由扩散　　　　　　　　D. 胞吐过程

问题 3：细胞（层次：分析、综合）

细胞内各种化学反应的有序进行，直接原因和根本原因是

_____。

问题 4：细胞（层次：理解、应用）

在细胞内形成和分泌某种物质过程中，各种细胞结构相互协调，能够共同完成这一生理过程，图 7-1（a）中细胞外分泌物是蛋白质，下列说法不合理的是_____。

A. 生物膜系统对该物质的分泌发挥了重要作用

B. 决定该物质合成的控制中心在⑧中的⑤，它是一种生物大分子

C. 该物质合成的同时，其原料还需通过⑨及时补充进细胞

D. 为维持生物体代谢旺盛该细胞一定存在增殖和分化现象

本样题测试的是生物学核心概念及其相互联系内容中构成学科基本

框架的概念测试点。考查的是对细胞概念的理解。一切有机体（除病毒外）都由细胞构成，细胞是构成有机体的基本单位。细胞同时是生命活动的基本单位。已知除病毒之外的所有生物均由细胞所构成，但病毒生命活动也必须在细胞中才能体现细胞是生命的基本单位，细胞的特殊性决定了个体的特殊性，因此，对细胞的深入研究是揭开生命奥秘、改造生命和征服疾病的关键。细胞具有独立的、有序的自控代谢体系，是代谢与功能的基本单位。生命科学是研究生命现象和生命活动的科学，从样题中可知，生命活动是在细胞中进行的，因此，一些关于生命现象和生命活动的外在表现都始于细胞。因此细胞是构成生物学基本框架的一个核心概念。

样题33：光合作用（本样题由怀柔一中喻凤云设计底题）

1771年，英国的普里斯特利（J. Priestley，1733—1804）做了一个著名的实验，他把一支点燃的蜡烛和一只小白鼠分别放到密闭的玻璃罩里，蜡烛不久就熄灭了，小白鼠很快也死了。接着，他把一盆植物和一支点燃的蜡烛一同放到一个密闭的玻璃罩里，他发现植物能够长时间地活着，蜡烛也没有熄灭。他又把一盆植物和一只小白鼠一同放到一个密闭的玻璃罩里。他发现植物和小白鼠都能够正常地活着，于是，他得出了结论：植物能够更新由于蜡烛燃烧或动物呼吸而变得污浊了的空气。但他并没有发现光的重要性。1779年，荷兰的英格豪斯（J. Ingen-housz）证明：植物体只有绿叶才可以更新空气，并且在阳光照射下才能成功。1785年，随着空气组成成分的发现，人们明确绿叶在光下放出的气体是氧气，吸收的是二氧化碳。1864年，德国的萨克斯做了一个试验：把绿色植物叶片放在暗处几个小时，目的是让叶片中的营养物质消耗掉，然后把这个叶片一半曝光，一半遮光。过一段时间后，用碘蒸气处理发现遮光的部分没有发生颜色的变化，曝光的那一半叶片则呈深蓝色。这一实验成功地证明了绿色叶片在光合作用中会产生淀粉。1880年，美国的恩吉尔曼发现叶绿体是进行光合作用的场所，氧是由叶绿体释放出来的。他把载有水绵（水绵的叶绿体呈条状，螺旋盘绕在细胞内）和好氧细菌的临时装片放在没有空气的暗环境里，然后用极细光束照射水绵，通过显微镜观察发现，好氧细菌向叶绿体被光照的部位集中；如果上述临时装片完全暴露在光下，好氧细菌则分布在叶绿体所有受光部位的周围。1897 年，首次在教科书中称这个过程为光合作用。

光合作用的原料是二氧化碳和水，产物是糖类和氧气，场所是叶绿体，条件是要有光，还需要多种酶等。光合作用的反应式是

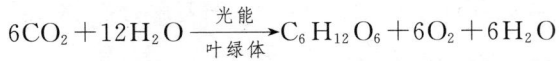

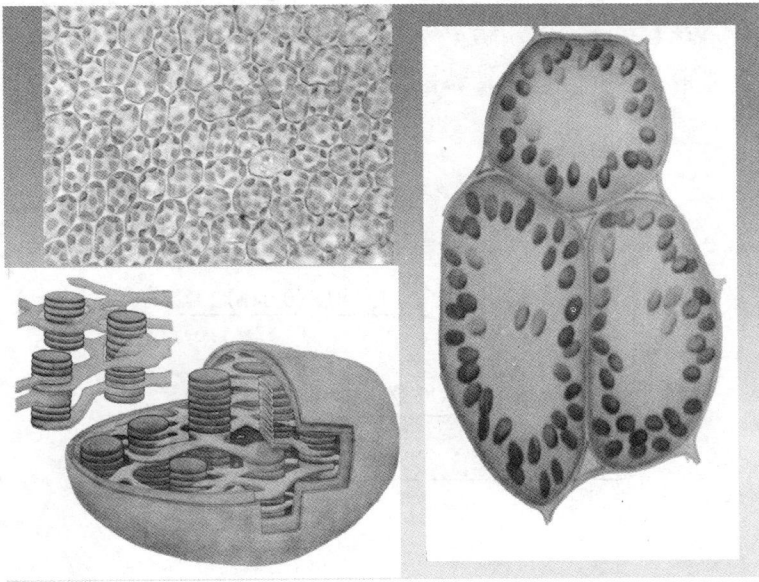

$$6CO_2 + 12H_2O \xrightarrow[\text{叶绿体}]{\text{光能}} C_6H_{12}O_6 + 6O_2 + 6H_2O$$

图 7-2　叶绿体

问题 1：光合作用（层次：再现、回忆）

下列关于叶绿体和光合作用的描述中，正确的是_____。

A. 叶片反射绿光故呈绿色，因此日光中绿光透过叶绿体的比例最小

B. 叶绿体的类囊体膜上含有自身光合作用所需的各种色素

C. 光照下叶绿体中的 ATP 主要是由光合作用合成的糖经有氧呼

吸产生的

D. 光合作用强烈时，暗反应过程直接将三个 CO_2 分子合成一个三碳化合物

问题2：光合作用（层次：分析、综合）

在光下，小麦（C_3 植物）叶片的叶肉细胞和维管束鞘细胞都能发生的生理过程是_____。

A. 水光解释放 O_2 B. 固定 CO_2 形成三碳化合物

C. 产生 ATP 和 [H]   D. 光合色素吸收并转换光能

问题3：光合作用（层次：分析、综合）

科学家研究 CO_2 浓度、光照强度和温度对同一种植物光合作用强度的影响，得到实验结果如图 7-3 所示。请据图判断下列叙述不正确的是_____。

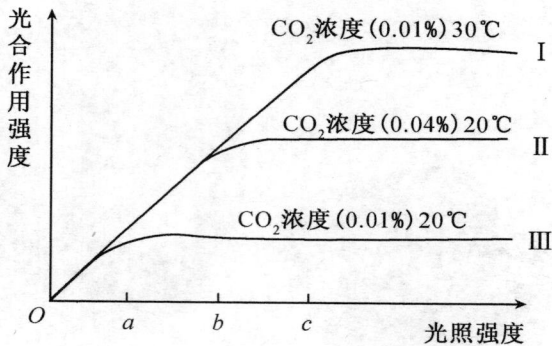

图 7-3　CO_2 浓度、光照强度、温度对植物光合作用强度的影响

A. 光照强度为 a 时，造成曲线 Ⅱ 和 Ⅲ 光合作用强度差异的原因是 CO_2 浓度不同

B. 光照强度为 b 时，造成曲线 Ⅰ 和 Ⅱ 光合作用强度差异的原因是温度不同

C. 光照强度为 $a\sim b$，曲线 Ⅰ、Ⅱ 光合作用强度随光照强度升高而升高

D. 光照强度为 $a\sim c$，曲线 Ⅰ、Ⅲ 光合作用强度随光照强度升高

而升高

问题 4：光合作用（层次：理解、应用）

有人对不同光照强度下两种果树的光合特性进行研究，结果如表 7-2 所示（净光合速率以吸收速率表示，其他条件适宜且相对恒定）。下列相关分析，不正确的是_____。

表 7-2　不同光照强度下两种果树的光合特性

光强 [mmol 光子/ ($m^2 \cdot s$)]		0	0.1	0.2	0.3	0.4	0.5	0.6	0.7	0.8	0.9
龙眼	光能利用率（%）	—	2.30	2.20	2.00	1.80	1.60	1.50	1.40	1.30	1.20
	净光合速率 [$\mu mol\ CO_2$/ ($m^2 \cdot s$)]	-0.60	2.50	5.10	6.55	7.45	7.90	8.20	8.50	8.50	8.50
芒果	光能利用率（%）	—	1.20	1.05	0.90	0.85	0.80	0.75	0.70	0.65	0.60
	净光合速率 [$\mu mol\ CO_2$/ ($m^2 \cdot s$)]	-2.10	1.10	3.70	5.40	6.50	7.25	7.60	7.60	7.60	7.60

A. 光强大于 0.1mmol 光子/ ($m^2 \cdot s$)，随光照增强两种果树光能利用率逐渐减少

B. 光强小于 0.5mmol 光子/ ($m^2 \cdot s$)，限制净光合速率的主要因素是叶绿素含量

C. 光强大于 0.7mmol 光子/ ($m^2 \cdot s$)，限制净光合速率的主要生态因素是 CO_2 浓度

D. 龙眼的最大光能利用率大于芒果，但龙眼的最大总光合速率反而小于芒果

本样题测试的是生物学核心概念及其相互联系内容中构成学科基本

框架的概念测试点。考查的是对光合作用概念的理解。

知识链接

　　光合作用（Photosynthesis）是植物、藻类利用叶绿素等色素和某些细菌利用其细胞本身，在可见光的照射下，将二氧化碳和水（细菌为硫化氢和水）转化为有机物，并释放出氧气（细菌释放氢气）的生化过程。植物之所以被称为食物链的生产者，是因为它们能够通过光合作用利用无机物生产有机物并且储存能量。通过食用植物，食物链的消费者可以吸收到植物及细菌所储存的能量，效率为10%～20%。对于生物界的几乎所有生物来说，这个过程是它们赖以生存的关键。而对于地球上的碳氧循环，光合作用是必不可少的。

　　光合作用为包括人类在内的几乎所有生物的生存提供了物质来源和能量来源。因此，光合作用对于人类和整个生物界都具有非常重要的意义。

　　光合作用的意义可以概括为以下几个方面。

　　第一，制造有机物。绿色植物通过光合作用制造有机物的数量是非常巨大的。据估计，地球上的绿色植物每年大约制造四五千亿吨有机物，这远远超过了地球上每年工业产品的总产量。所以，人们把地球上的绿色植物比做庞大的"绿色工厂"。绿色植物的生存离不开自身通过光合作用制造的有机物。人类和动物的食物也都直接或间接地来自光合作用制造的有机物。

　　第二，转化并储存太阳能。绿色植物通过光合作用将太阳能转化成化学能，并储存在光合作用制造的有机物中。地球上几乎所有的生物，都是直接或间接利用这些能量作为生命活动的能源的。煤炭、石油、天然气等燃料中所含有的能量，归根结底都是古代的绿色植物通过光合作用储存起来的。

　　第三，使大气中的氧和二氧化碳的含量相对稳定。据估计，全世界所有生物通过呼吸作用消耗的氧和燃烧各种燃料所消耗的氧，平均为10 000t/s。以这样的消耗氧的速度计算，大气中的氧大约只需2 000年就会用完。然而，这种情况并没有发生。这是因为绿色植物广泛地分布在地球上，不断地通过光合作用吸收二氧化碳和释放氧，从而使大气中的氧和二氧化碳的含量保持着相对的稳定。

第四，对生物的进化具有重要的作用。在绿色植物出现以前，地球的大气中并没有氧。只是在距今 20 亿~30 亿年以前，绿色植物在地球上出现并逐渐占据优势以后，地球的大气中才逐渐含有氧，从而使地球上其他进行有氧呼吸的生物得以发生和发展。由于大气中的一部分氧转化成臭氧，臭氧在大气上层形成的臭氧层，能够有效地滤去太阳辐射中对生物具有强烈破坏作用的紫外线，从而使水生生物开始逐渐能够在陆地上生活。经过长期的生物进化过程，最后才出现广泛分布在自然界的各种动植物。

二、对继续学习起支撑作用的概念

有些概念虽然不是构成学科基本框架的概念，却是今后继续学习的基础，例如受精的概念是继续学习生殖和发育这个生命循环过程中的一个节点，是一个具有承上启下功能的核心概念。在教学中对这样的概念也应特别关注。

样题 34：反射

俄国生理学家伊万·巴甫洛夫注意到狗在嚼吃食物时淌口水，或者说分泌大量的唾液，唾液分泌是一种本能的反射。巴甫洛夫还观察到，较老的狗一看到食物就淌口水，而不必尝到食物的刺激，也就是说，单是视觉就可以使狗产生分泌唾液的反应。于是巴甫洛夫进行了一系列的实验，研究动物的反射。巴甫洛夫每次给狗吃肉的时候，狗即流口水，而且看到肉就流口水，这说明狗是健康的，具有流涎反应。此后，巴甫洛夫每次给狗吃肉之前总是按蜂鸣器。于是，这声音就如同让狗看到肉一样，也会使它们流下口水，即使蜂鸣器响过后没有食物，亦如此。巴甫洛夫称食物是非条件刺激，而铃声则是条件刺激。食物引起唾液分泌是非条件反射，是狗天生就有的；而狗听到铃声就分泌唾液乃是条件反射，是通过后天学习获得的。

反射是神经系统最基本的活动形式，反射是在一定的神经结构中进行的，这种结构叫做反射弧。图7-4是反射弧结构模式图，a、b分别是放置在传出神经和骨骼肌上的电极，用于刺激神经和骨骼肌；c是放置在传出神经上的电位计，用于记录神经兴奋电位；d为神经与肌细胞接头部位，是一种突触。

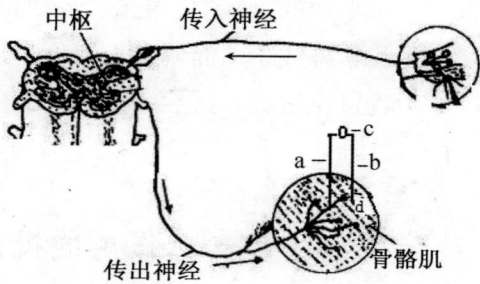

问题1：反射（层次：再现、回忆）

用a刺激神经，产生的兴奋传到骨骼肌引起的收缩_____（填"属于"或"不属于"）反射。

问题2：反射（层次：分析、综合）

用b刺激骨骼肌，_____（填"能"或"不能"）在c处记录到电位。

问题3：反射（层次：分析、综合）

若用a刺激神经，在c处能记录到电位，但骨骼肌不收缩，用b刺激骨骼肌却能收缩，请判断受损的部位是_____。

A. 传出神经　　　　　　　B. 中枢

C. 神经-肌肉突触　　　　 D. 骨骼肌

问题4：反射（层次：理解、应用）

重症肌无力是一种自身免疫性疾病，患者体内的自身抗体破坏了神经-肌肉突触后膜的受体蛋白。正确的治疗措施是_____。

A. 注射激素抑制抗体产生

B. 注射神经递质提高传递效率

C. 注射受体蛋白增加受体数量

D. 注射淋巴因子增强免疫能力

　　该样题测试的是生物学核心概念及其相互联系内容中对今后学习起支持作用的概念观测点，考查的是对反射概念的理解。反射不是构成学科基本框架的概念，但是反射是神经调节的基础。没有对反射概念的理解就无法继续学习神经调节。因此反射是生物学的一个核心概念。

知识链接

　　反射的概念首先由法国哲学家 R. 笛卡儿提出。他注意到机体对于一些环境刺激具有规律性反应。例如，异物碰到角膜即引起眨眼。他借用了物理学中反射的概念，认为动物的活动像光线投射到镜子上被反射出来一样，即机体受到的刺激和发生的反应有必然的因果关系。用实验分析的方法研究脑和脊髓并阐明反射规律的，是英国的谢灵顿以及俄国的谢切诺夫、巴甫洛夫。谢灵顿对中枢神经系统低级部位（包括脑干、脊髓）的反射作了详细研究，阐明了反射的基本规律。但是他只把外界刺激引起机体的非随意动作叫做反射，并认为皮层以下的神经核团是各级反射的中枢。人们一般不把反射概念应用到神经系统高级部位（大脑）的活动中，而谢切诺夫将反射概念应用于人脑的活动。以后巴甫洛夫在谢切诺夫思想影响下，进一步研究大脑皮层的功能。他通过狗所做的著名试验把唾液腺的所谓心理性分泌理解为一种特殊的反射——条件反射，并客观地研究了这种活动的发生与消退等规律，提出了条件反射学说，即高级神经活动学说。此项研究倾向于对反射的神经回路及递质机制作更深入的分析。

　　反射可分为非条件反射和条件反射两大类。前者是动物生来就有的，无须后天训练的反射，它是动物在种系进化过程中建立和巩固起来的，可再遗传给后代。非条件反射的反射弧是固定的，其数目有限，如牵张反射、瞳孔对光反射等。后者是动物在后天的个体生活中经过学习和训练而获得的，是反射的高级形式。如果动物的生活条件发生改变则已形成的条件反射会消退，并可重新形成新的条件反射。因此，条件反射的反射弧不是固定不变的，其形式是多样的、数目是无限量的。它使动物对于千变万化的外界环境具有更大的适应性。

样题 35：激素（本样题由延庆教研中心潘顺利设计底题）

激素（Hormone）音译为荷尔蒙。希腊文原意为"奋起活动"，它对肌体的代谢、生长、发育、繁殖等起重要的调节作用。

激素由特定的细胞分泌，对靶细胞的物质代谢或生理功能起调控作用。激素的分泌均极微量，为毫微克（十亿分之一克）水平，但其调节作用均较明显。激素作用甚广，但不参加具体的代谢过程，只对特定的代谢和生理过程起调节作用，调节代谢及生理过程的进行速度和方向，从而使机体的活动更适应于内外环境的变化。激素的作用机制是通过与细胞膜上或细胞质中的专一性受体蛋白结合而将信息传入细胞，引起细胞内发生一系列相应的连锁变化，最后表达出激素的生理效应。

激素作为一种化学信使，能把某种调节的信息由内分泌细胞携带至靶细胞，图 7-5 表示某高等动物激素的分泌及作用机制。请结合所学知识及图中相关信息回答下列问题。

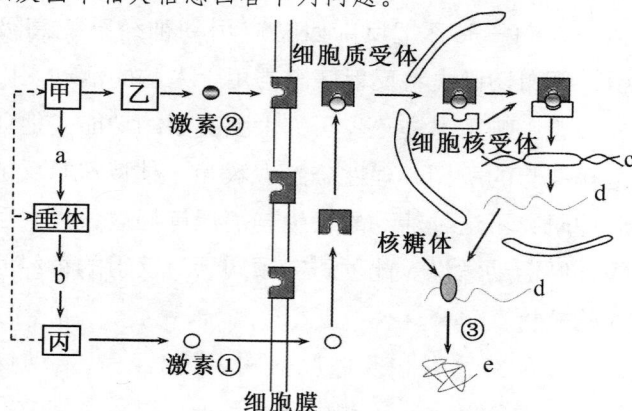

图 7-5　某高等动物激素的分泌及作用机制

问题 1：激素（层次：再现、回忆）

图中物质 d 是_____。

A. 脂质　　　　B. DNA　　　　C. RNA　　　　D. 蛋白质

问题 2：激素（层次：分析、综合）

从图 7-5 中可看出，激素①主要是通过影响_____来影响生物的性状。

A. 与细胞质受体的结合

B. 与细胞核受体的结合

C. 基因的表达

D. 细胞膜的通透性

问题 3：激素（层次：理解、应用）

细胞质受体、细胞核受体与细胞膜上受体的物质属性及功能相似，因此，细胞质和细胞核受体的物质成分应是_____。

A. 蛋白质　　　　B. DNA　　　　C. RNA　　　　D. 脂肪

该样题测试的是生物学核心概念中对今后学习起支持作用的概念观测点，考查的是对激素概念的理解。激素概念不是构成学科基本框架的概念，但是激素概念是内分泌调节的基础。没有对激素概念的理解就无法继续学习体液调节。因此激素是生物学的一个核心概念。

📖 **知识链接**

激素的生理作用主要是：通过调节蛋白质、糖和脂肪等物质的代谢与水盐代谢，维持代谢的平衡，为生理活动提供能量；促进细胞的分裂与分化，确保各组织、器官的正常生长、发育及成熟，并影响衰老过程；影响神经系统的发育及其活动；促进生殖器官的发育与成熟，调节生殖过程；与神经系统密切配合，使机体能更好地适应环境变化。研究激素不仅可了解某些激素对动物和人体的生长、发育、生殖的影响及致病的机理，还可利用测定激素来诊断疾病。许多激素制剂及其人工合成的产物已广泛应用于临床治疗及农业生产。利用遗传工程的方法使细菌产生某些激素，如生长激素、胰岛素等已经成为现实，并已广泛应用于临床，成为治疗糖尿病、侏儒症等的良药。

激素按化学结构大体分为四类。第一类为类固醇，如肾上腺皮质激素、性激素。第二类为氨基酸衍生物，有甲状腺素、肾上腺髓质激素、松果体激素等。第三类激素的结构为肽与蛋白质，如下丘脑激素、垂体激素、胃肠激素等。第四类为脂肪酸衍生物，如前列腺素（见图7-6）。

激素是调节机体正常活动的重要物质。

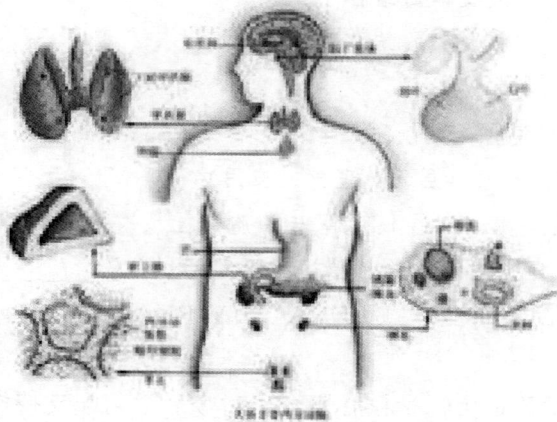

图 7-6　人体中的内分泌腺

应该注意的是，激素中的任何一种都不能在体内发动一个新的代谢过程。它们也不直接参与物质或能量的转换，只是直接或间接地促进或减慢体内原有的代谢过程。如生长和发育都是人体原有的代谢过程，生长激素或其他相关激素增加，可加快这一进程，减少时则使生长发育迟缓。激素对人类的繁殖、生长、发育、各种其他生理功能、行为变化以及适应内外环境等，都能发挥重要的调节作用。一旦激素分泌失衡，便会带来疾病。激素只对一定的组织或细胞（称为靶组织或靶细胞）发挥特有的作用。人体的每一种组织、细胞，都可成为这种或那种激素的靶组织或靶细胞。而每一种激素，又可以选择一种或几种组织、细胞作为本激素的靶组织或靶细胞。如生长激素可以在骨骼、肌肉、结缔组织和内脏上发挥特有作用，使人体长得高大粗壮。肌肉充当了雄激素、甲状腺素的靶组织。激素的生理作用虽然非常复杂，但是可以归纳为五个方面：第一，通过调节蛋白质、糖和脂肪等三大营养物质和水、盐等代谢，为生命活动供给能量，维持代谢的动态平衡。第二，促进细胞的增殖与分化，影响细胞的衰老，确保各组织各器官的正常生长、发育，以及细胞的更新与衰老。例如，生长激素、甲状腺激素、性激素等都是促进生长发育的激素。第三，促进生殖器官的发育成熟、调节生殖功能，包括生卵、排卵、生精、受精、着床、妊娠及泌乳等一系列生殖过程。第四，影响中枢神经系统和植物性神经系统的发育及其活动。第五，与神经系统密切配合调节机体对环境的适应。上述五方面的作用很难截然分开，而且不论哪一种作用，激素只是起着信使作用，传递某些生理过程的信息。

三、具有思维训练价值的概念

由于生物学核心概念是在许多一般概念的基础上加以分析、综合、比较、抽象、概括而成，因此，它的形成过程需要综合的思维能力。

样题 36：生物群落（本样题由宣武教研中心杜玉芬设计底题）

只要条件适宜，地球上的每一个角落都会挤满生物。在任何一个特定的区域里，只要那里的气候和其他自然条件基本相同，就会出现一定的生物组合，即由很多种类的生物种群所组成的一个生态功能单位，这个功能单位就是群落。可见，生物群落是占有一定空间和时间的多种生物种群的集合体。群落具有一定的结构、一定的构成种类、一定的种间相互关系，并可在环境条件相似的不同区域重复出现。

某研究小组调查了野外山坡上三个不同地点 A、B、C 的植物群落，并测量了三个地点的土壤特征等环境因素，结果见表 7-3。

表 7-3　三个不同地点的植物群落

生物种类	地点 A（山腰）	地点 B（山腰）	地点 C（山腰）
草	3 种	5 种	9 种
蕨类	7 种	5 种	8 种
灌木	15 种	4 种	2 种

生物种类	地点 A（山腰）	地点 B（山腰）	地点 C（山腰）
松树	0 种	2 种	0 种
落叶树	20 种	5 种	0 种
风速	低	高	高
距地 1.5 米的光强	低	中	高
土壤湿度（%）	48	35	15
土壤的有机质（%）	6.5	3.8	2.5
土壤深度（cm）	>300	≈100	<15
土壤氨量（mg·kg^{-1}）	9.4	4.5	2.3

问题 1：生物群落（层次：再现、回忆）

物种丰度最大的是地点_____处的植物群落。

问题 2：生物群落（层次：分析、综合）

根据调查结果推测，最大的总初级生产量最可能是地点_____处的植物群落。

问题 3：生物群落（层次：分析、综合）

落叶树和松树等乔木在地点 C 不能生长的原因有：

_____。（说出不少于两点原因）

问题 4：生物群落（层次：分析、综合）

下列属于群落内部物种之间相互关系的是_____。

A. 植食现象　　　　　　　　B. 次生现象

C. 捕食现象　　　　　　　　D. 周期波动

问题 5：生物群落（层次：分析、综合）

群落演替的终点是_____。

A. 森林群落　　　　　　　　B. 顶级群落

C. 农田群落　　　　　　　　D. 陆地生物群落

该样题测试的是生物学核心概念中具有思维训练价值的概念观测点，考查的是生物群落的概念。生物群落指生活在一定的自然区域内，相互之间具有直接或间接关系的各种生物的总和。与种群一样，生物群落也有一系列的基本特征，这些特征不是由组成它的各个种群所能包括的，也就是说，只有在群落总体水平上，这些特征才能显示出来。生物群落的基本特征包括群落中物种的多样性、群落的生长形式（如森林、灌丛、草地、沼泽等）和结构（空间结构、时间组配和种类结构）、优势种（群落中以其体大、数多或活动性强而对群落的特性起决定作用的物种）、相对丰盛度（群落中不同物种的相对比例）、营养结构等。因此要形成生物群落的概念，需要从不同角度进行构建。而且群落的概念与种群和生态系统的概念密不可分，该概念的建构需要进行多角度的发散思维。

知识链接

群落或称生物群落是指一定地域或一定生境内的各生物种群相互联系和相互影响的有规律的组合的一个生态功能单位。生物群落的概念最初是由德国生物学家摩比乌斯首先提出，瑞士学者 Schroter 于 1902 年又提出"群落生态学"的概念。1910 年在布鲁塞尔召开的国际植物学会议上，正式采纳了"群落"这个科学术语。

群落概念在生态学理论中占有重要的位置。因为在自然界里共同生活在一起的种类繁多的有机体，并不是偶然散布的一些孤立的个体，群落内各种生物之间进行着物质循环、能量流动和信息传递。在时间进程里，生物群落经常改变其外貌（温带地区的森林，一年四季特别明显），并具有一定的顺序状态，即具有发展和演替的动态特征。群落特征绝不是其组成物种特征的简单叠加，在群落内由于存在协调控制的机制，因而它是在绝对的变化过程中，保持相对的稳定。

生物群落是一个非常具有思维训练价值的核心概念，不仅因为植物和动物群落到处交织在一起，在特定的生物群落内，植物和动物间存在着许多密切的联系，而且也因为植物和动物在景观上的分布也具有一定的吻合性，动物的分布往往取决于植被类型所提供的食物与栖息场所的类型，它们的分布趋向于与植物群落的模式相一致。因此，生物群落的单位符合植物群落的单位，并且不仅在植被方面，而且在动物和微生物区系方面，也可根据植物区系特征加以说明。因为，相同的植被在很大程度上也必然具有相同的动物群落和微生物区系。

任何生物群落都是由一定的生物种类所组成，每种生物的个体都有一定的形状和大小，它们在群落中处于不同的地位和发挥着不同的作用。组成群落的生物种类是形成群落结构的基础。植物的生长型决定了群落的垂直结构即群落的层次性。植物的生长型即植物的外貌特征，主要有苔藓、草木、灌木和乔木，它们自下而上配置在群落的不同高度上，形成群落的垂直结构。植物的垂直结构又为动物创造了不同的栖息环境，从而也出现了动物的垂直结构。

由于气候、地形和其他环境条件的差异，地球上从赤道到北极分布着多种多样的陆地生物群落，其中主要的陆地生物群落有热带森林、温带森林、寒带针叶林、草原和热带稀树草原、荒漠、苔原等。

调查群落中的生物组成成分是研究群落特征的第一步，为了掌握群落中物种的组成，通常是在群落中各物种分布比较均匀的区域，圈定一定面积，登记这一面积中的物种。然后顺序成倍扩大面积，登记新增加的种类。

样题37：有丝分裂（本样题由怀柔教研中心姜言国设计底题）

有丝分裂，又称为间接分裂，特点是有纺锤体染色体出现，子染色体被平均分配到子细胞，这种分裂方式普遍见于高等动植物（动物和高等植物）。是真核细胞分裂产生体细胞的过程。

有丝分裂形成的细胞是体细胞，染色体复制一次，细胞分裂一次，子细胞染色体数目不变，细胞有丝分裂过程中，纺锤体清晰可见，染色体形态、数目比较清晰的时期是中期，后期着丝粒一分为二，染色单体变为染色体，由纺锤丝或星射线牵引平均移向细胞两极（见图7-7）。

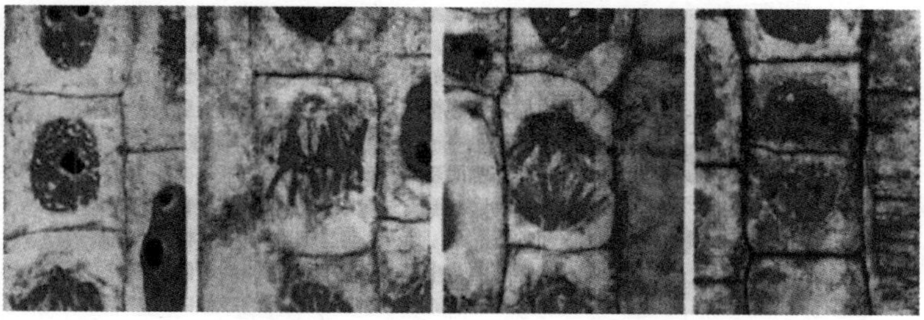

图 7-7　有丝分裂中染色体变化情况

问题 1：有丝分裂（层次：再现、回忆）

在显微镜下观察洋葱根尖细胞有丝分裂装片，着丝点分裂，染色体移向两极时的形态是_____。

A　　　　　　　B　　　　　　　C　　　　　　　D

问题 2：有丝分裂（层次：分析、综合）

分子生物学认为细胞有丝分裂间期的变化是_____。

①染色体复制　②DNA 复制　③有关酶合成　④有关蛋白质分子合成

A. ①③　　　　　　　　　　B. ①②

C. ②③　　　　　　　　　　D. ②④

问题 3：有丝分裂（层次：分析、综合）

在细胞有丝分裂过程中，染色体、染色单体、DNA 分子三者数量比是 1∶2∶2 时，请分析该细胞所处的时期是_____。

A. 前期和中期　　　　　　　B. 中期和后期

C. 后期和末期　　　　　　　D. 末期和前期

问题 4：有丝分裂（层次：理解、应用）

下列_____组细胞失去继续分裂的能力。

A. 肝细胞和生发层细胞　　　B. 肾脏细胞和骨髓细胞

C. 成熟的红细胞和骨细胞　　D. 神经细胞和表皮细胞

该样题测试的是生物学核心概念中具有思维训练价值的概念观测点，考查的是有丝分裂的概念。有丝分裂是将亲代细胞的染色体经过复制之后，精确地平均分配到两个子细胞中。由于染色体上有遗传物质DNA，因而在细胞的亲代和子代之间保持了遗传性状的稳定性。有丝分裂是细胞进行生命活动的一个重要形式，涉及细胞的增殖、细胞的物质代谢、能量转换、信息传递等，因此该概念的形成需要思维活动的参与，具有思维训练价值，是生物学一个核心概念。

知识链接

有丝分裂，又称为间接分裂，由 W. Fleming1882 年首次发现于动物，E. Strasburger1880 年发现于植物。特点是有纺锤体染色体出现，子染色体被平均分配到子细胞。有丝分裂是真核细胞分裂产生体细胞的过程。真核细胞的染色质凝集成染色体、复制的姐妹染色单体在纺锤丝的牵拉下分向两极，从而产生两个染色体数和遗传性状相同的子细胞核的一种细胞分裂类型。有丝分裂是一个连续的过程，为了描述方便起见，习惯上按先后顺序划分为间期、前期、中期、后期和末期五个时期，在前期和中期之间有时还划分出一个前中期。

有丝分裂间期分为 G_1、S、G_2 三个阶段，其中 G_1 期与 G_2 期进行RNA（即核糖核酸）的复制与有关蛋白质的合成，S 期进行 DNA 的复制。其中，G_1 期主要是染色体蛋白质和 DNA 解旋酶的合成，G_2 期主要是细胞分裂期有关酶与纺锤丝蛋白质的合成。在有丝分裂间期，染色质没有高度螺旋化形成染色体，而是以染色质的形式进行 DNA（即脱氧核糖核酸）复制。有丝分裂间期是有丝分裂全部过程的重要准备过程，是一个重要的基础工作。

前期为自分裂期开始到核膜解体为止的时期。间期细胞进入有丝分裂前期时，核的体积增大，染色质逐渐缩短变粗，形成染色体。因为染色体在间期中已经复制，所以每条染色体由两条染色单体组成。核仁在前期的后半渐渐消失。在前期末核膜破裂，于是染色体散于细胞质中。动物细胞有丝分裂前期时靠近核膜有两个中心体。每个中心体由一对中心粒和围绕它们的亮域，称为中心质或中心球所组成。由中心体放射出星体丝，即放射状微管。带有星体丝的两个中心体逐渐分开，移向相对的两极。这种分开过程推测是由于两个中心体之间的星体丝微管相互作用，更快地增长，结果把两个中心体（两对中心粒）推向两极，而于核膜破裂后终于形成两极之间的纺锤体。纺锤体有两种类型：一为有星纺锤体，即两极各有一个以一对中心粒为核心的星体，见于绝大多数动物细胞和某些低等植物细胞。一为无星纺锤体，两极无星体，见于高等植物细胞。曾经认为有星纺锤体含有三种纺锤丝，即三种微管。一是星体微管，由星体散射出的微管。二是极微管，是由两极分别向相对一级方向伸展的微管，在赤道区来自两极的极微管互相重叠。现在认为极微管可能是由星体微管伸长形成的。三是着丝点微管，与着丝点联结的微管，亦称着丝点丝或牵引丝。着丝点是在染色体的着丝粒的两侧发育出的结构。有报告说着丝点有使微管蛋白聚合成微管的功能。无星纺锤体只有极微管与着丝点微管。

从染色体排列到赤道面上，到它们的染色单体开始分向两极之前，这段时间称为中期。有时把前中期也包括在中期之内。中期染色体在赤道面形成所谓赤道板。从一端观察可见这些染色体在赤道面呈放射状排列，这时它们不是静止不动的，而是处于不断摆动的状态。中期染色体浓缩变粗，显示出该物种所特有的数目和形态。因此有丝分裂中期适于做染色体的形态、结构和数目的研究，适于核型分析。中期时间较短。

后期为每条染色体的两条姊妹染色单体分开并移向两极的时期。分开的染色体称为子染色体。子染色体到达两极时后期结束。染色单体的分开常从着丝点处开始，然后两个染色单体的臂逐渐分开。当它们完全分开后就向相对的两极移动。

末期为从子染色体到达两极开始至形成两个子细胞为止的时期。此期的主要过程是子核的形成和细胞体的分裂。子核的形成大体上是经历一个与前期相反的过程。到达两极的子染色体首先解螺旋而轮廓消失，全部子染色体构成一个大染色质块，在其周围集合核膜成分，融合而形成子核的核膜，随着子细胞核的重新组成，核内出现核仁。核仁的形成与特定染色体上的核仁组织区的活动有关。

高等植物细胞的胞质分裂是靠细胞板的形成。在末期，纺锤丝首先在靠近两极处解体消失，但中间区的纺锤丝保留下来，并且微管增加数量，向周围扩展，形成桶状结构，称为成膜体。形成成膜体的同时，来自内质网和高尔基器的一些小泡和颗粒成分被运输到赤道区，它们经过改组融合而参加细胞板的形成。细胞板逐渐扩展到原来的细胞壁乃把细胞质一分为二。细胞质中的有关细胞器，如线粒体、叶绿体等不是均等分配，而是随机进入两个子细胞中。细胞板由两层薄膜组成，两层薄膜之间积累果胶质，发育成胞间层，两侧的薄膜积累纤维素，各自发育成子细胞的初生壁。

有丝分裂的重要意义是将亲代细胞的染色体经过复制以后，精确地平均分配到两个子细胞中去。由于染色体上有遗传物质 DNA，因而在生物的亲代和子代之间保持了遗传性状的稳定性。可见，细胞的有丝分裂对于生物的遗传有重要意义。

第八章 统摄学科内容的学科观念及样题分析

统摄生物学科内容的学科观念，主要有进化的观念、稳态的观念、统一性的观念（机构与功能的统一、局部与整体的统一、生物与环境的统一等）和层次性的观念。中学生物教师生物学观念的观测点及样题如表 8-1 所示。

表 8-1　中学生物教师生物学观念的观测点及样题

学科知识结构观测点		样题	层次		
			再现、回忆	分析、综合	理解、应用
统摄生物学科内容的学科观念	进化的观念	达尔文雀	问题1、问题3	问题2	问题4
	稳态的观念	食物网与生物多样性	问题2	问题1、问题3	问题4
		蓝藻水华	问题1	问题2、问题3	问题4
	统一性的观念	警戒色和拟态	问题1	问题3、问题4	问题2
	层次性的观念	生命系统的结构层次	问题1	问题2、问题3	问题4、问题5

一、进化的观念

大约在 45 亿年前形成了地球。起初的地球没有生命迹象，最早的生命是在大约距今 38 亿年前出现的。地球上最早的生命诞生于海洋，随即开始了生物的进化历史。生物由简单到复杂，由低级到高级逐渐发展变化称为生物的进化。进化导致生物多样性的形成。现在地球上的多种多样的生物都是经历了漫长的历史时期进化的产物。进化是群体或物种在连续的世代中发生的遗传改变和相关的表型变化，也包括在漫长历史时期中生物与环境的相互作用和它们之间的协同进化。

进化是生物界的基本特征，也是生物界运动的总规律。进化论的重要内容之一就是关于地球上各种生物都是通过长期的进化发展而形成的历史事实，也就是生物进化的证据。现在地球上生存的生物都是由过去生活过的生物演变而来的，并且每一种生物一般都是与它的生活环境相适应的。

进化的观念是统摄生物学内容的一个生物学学科观念，在中学生物教学中要给学生渗透进化的观念。

样题 38：达尔文雀

一百余年以前，达尔文乘坐贝格尔号船来到南太平洋加拉帕戈斯群岛考察。后人便将该群岛的一些独特鸟类命名为达尔文雀。

加拉帕戈斯群岛是太平洋赤道附近的一个群岛，距离厄瓜多尔大约 1 000 公里。在近 200 年前，岛上有 13 种达尔文雀，每一种雀的体形、鸟喙和生活习性都不相同。达尔文推断它们都来自于南美洲一种雀类。

这些鸟几乎是同样的体形（10～20cm）。在不同种间鸟喙的尺寸和形状有较大的不同，因鸟喙高度适应其食物来源。

美国普林斯顿大学的著名生物学家格兰特夫妇多年来研究达尔文雀，他们在 2006 年《自然》杂志上报道说在特定的生存竞争中，达尔文雀竟能在两年内改变喙的形态。

在正常的年份，大地雀和中地雀都能找到足够的食物，两者共同生活在大达夫尼岛上。但在 2003 年，这个岛发生了严重的干旱，大片蒺藜死亡，使雀的生存环境恶化。格兰特夫妇发现，2004 年初，岛上有 150 只大地雀，235 只中地雀，但一年后 137 只大地雀和 152 只中地雀死亡。

不过，存活下来的中地雀发生了奇妙的变化。格兰特夫妇发现，存活的中地雀平均喙长由干旱前的 11.2mm 变成了 10.6mm，喙内的平均深度也由 9.4mm 变成了 8.6mm。

问题 1：达尔文雀（层次：再现、回忆）

短文中提到了"达尔文推断它们都来自于南美洲一种雀类"，这反映出达尔文的_____观点。

A. 物种都是由上帝创造的

B. 自然选择是生物进化的动力

C. 生物是不断进化的

D. 生物要适应环境的改变

问题 2：达尔文雀（层次：分析、综合）

根据短文第 3 段推测图 8-1 所示_____达尔文雀应该食用更大颗粒的植物种子。

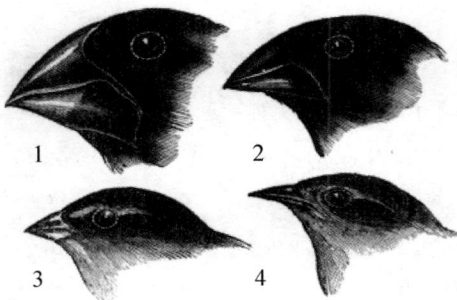

图 8-1　达尔文雀

A. 1 号　　　　B. 2 号　　　　C. 3 号　　　　D. 4 号

问题 3：达尔文雀（层次：再现、回忆）

格兰特夫妇发现的达尔文雀的喙的长度与深度的变小在生态学上称之为_____。

A. 资源分配　　　　　　　B. 性状替换

C. 竞争释放　　　　　　　D. 种间竞争

问题 4：达尔文雀（层次：理解、应用）

在通常年份喙大的雀通常采用蒺藜种子为食，喙小的雀通常采用仙人掌种子为食。请以达尔文的进化论为依据解释 2004 年中地雀的喙形变小的原因：

_____。

该样题考查的是生物学观念中进化的观念。生物进化是指一切生命形态发生、发展的演变过程。

生物界各个物种和类群的进化，是通过不同方式进行的。物种形成主要有两种方式：一种是渐进式形成，即由一个种逐渐演变为另一个或多个新种；另一种是爆发式形成，即多倍化种形成，这种方式在有性生殖的动物中很少发生，但在植物的进化中却相当普遍，世界上约有一半左右的植物种是通过染色体数目的突然改变而产生的多倍体。样题中的达尔文雀的情况属于第一种。

知识链接

生物进化是从水生到陆生、从简单到复杂、从低等到高等的过程。一般来说，进化过程的进步具有如下特征。

①在生物界的发展过程中，可以看到不同层次的形态结构的逐步复杂化和完善化；与此相应，生理功能也愈加专门化，效能亦逐步增高。

②从总体上看，遗传信息量随着生物的进化而逐步增加。

③内环境调控的不断完善及对环境分析能力和反应方式的发展，加强了机体对外界环境的自主性，扩大了活动范围。

生物进化的道路是曲折的，表现出种种特殊的复杂情况。除进步性发展外，生物界中还存在特化和退化现象。特化不同于全面的生物学的完善化，它是生物对某种环境条件的特异适应。这种进化方向有利于一个方面的发展却减少了其他方面的适应性，如马由多趾演变为适于奔跑的单蹄。当环境条件变化时，高度特化的生物类型往往由于不能适应而灭绝，如爱尔兰鹿，由于过分发达的角对生存弊多利少，以致终于灭绝。对寄生或固着生活方式的适应，也可使机体某些器官和生理功能趋向退化。如有一种深海寄生鱼，雄体寄生在雌体上，雄体消化器官退化，唯有精巢特别膨大，以保证种族繁衍。

二、稳态的观念

稳态是生命系统与内外界环境的物质、能量和信息交流过程中，通过自身的调节机制而维持的相对稳定状态，是生命系统的重要特征，不仅人体的内环境存在稳态，各个层次的生命系统也都存在着稳态。在微观领域，细胞内的各种理化性质是大致维持稳定的，各种酶促反应的进行受到反馈调节；分子水平上基因的表达过程中同样存在稳态；而在宏观领域，种群、群落、生态系统乃至生物圈都存在稳态。

因此稳态可以作为生物学的一个学科观念。这一观念不仅可以从各个层面上阐述生命系统通过自我调节保持稳态并适应内外环境变化，通过自动调节作用在结构与功能上达到和谐与统一。而且它又以"生命系统"与其他知识整合。

因此我们可以建构这样一个存在稳态的知识体系：分子→细胞→组织→器官→个体→种群→群落→生态系统→一般系统。能让学生明白其实生命系统的各个层次都是存在稳态现象的，在生命系统内部和生命系统与环境之间信息流动的过程中，都存在着生命系统的稳态与调控，甚至是自然界的一般系统在其变化与平衡之中也存在着这样的稳态与调节。从而从不同层次和不同的角度帮助学生认识到生命的复杂性和动态平衡性，帮助学生理解各个层次的生命系统是如何在不断变化的环境中，通过自我调节机制维持自身的稳态，有助于学生理解生命系统的稳态，认识生命系统结构和功能的整体性；有助于学生形成正确的生态学观念和人与自然和谐发展的观念；同时在建构过程中领悟系统分析、建立数学模型等科学方法，更好地训练学生将数学的公式和方法引入生物学研究，为学生将来的进一步学习乃至科学研究打下坚实的基础。

样题 39：食物网与生物多样性

食物网是生态学家用来表示生态系统内物种捕食与被捕食关系的图标。请分析图 8-2 中的两个食物链网络，箭头从被吃的食物指向食物的获取者。尽管与真实生态系统的食物链网络相比，这些图已经被高度地简化，但它仍然能够阐明以下两类生态系统之间的关键性差异。

问题1：食物网与生物多样性（层次：分析、综合）

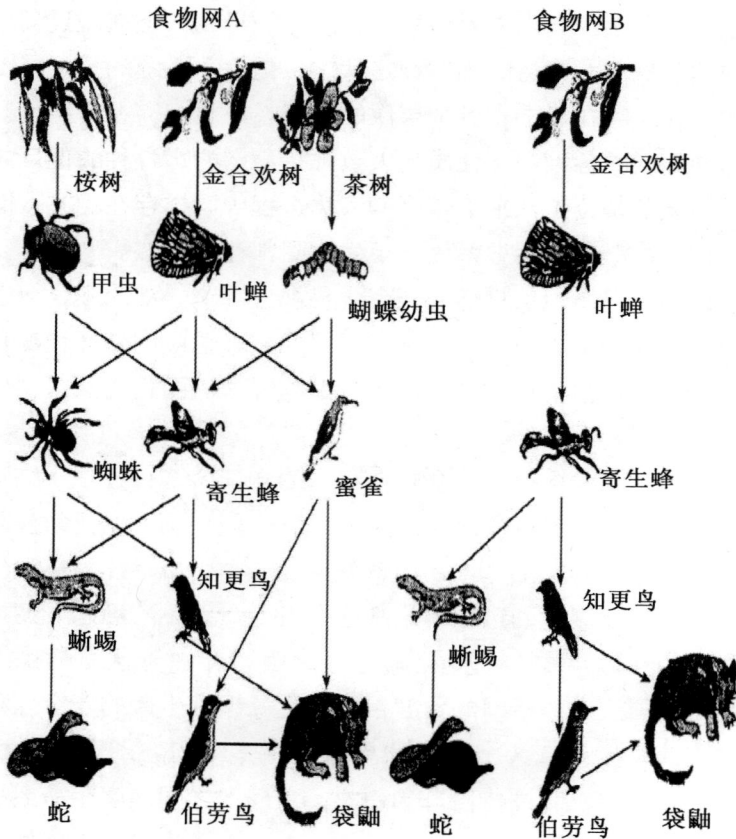

图 8-2 食物网

对于食物网A，请写出在不同食物链上既处于第四营养级又处于第五营养级的动物。

_____。

问题2：食物网与生物多样性（层次：再现、回忆）

对于食物网B，知更鸟与蜥蜴的种间关系为_____。

A. 竞争　　　　B. 捕食　　　　C. 寄生　　　　D. 互利共生

问题 3：食物网与生物多样性（层次：分析、综合）

如果叶蝉在食物网 A 和食物网 B 中的两个位置上消失，那么对于哪一个食物网其后果更为严重？下列解释正确的一项是_____。

A. 对于食物网 A 的影响更大，因为在 A 中寄生蜂有多个食物来源

B. 对于食物网 A 的影响更大，因为在 A 中寄生蜂仅有一个食物来源

C. 对于食物网 B 的影响更大，因为在 B 中寄生蜂有多个食物来源

D. 对于食物网 B 的影响更大，因为在 B 中寄生蜂仅有一个食物来源

问题 4：食物网与生物多样性（层次：理解、应用）

通过上一问题已经初步认识到生物多样性对于维系生态系统稳定的重要。生物多样性的丧失需要引起人们的高度重视，这不仅是因为物种的毁灭代表着伦理和利益方面的重大损失，而且其他物种也会因此加速灭绝。此外，David Tilman 等生态学家在美国明尼苏达州锡达河自然历史区还进行过物种多样性与生态系统生产力关系的研究。他设立了 147 块等面积的三角区域，改变区域内物种的丰富程度，并经过一段时间后测量了不同区域植物根部土壤中的氮元素的含量，得到如图 8-3 所示的关系。

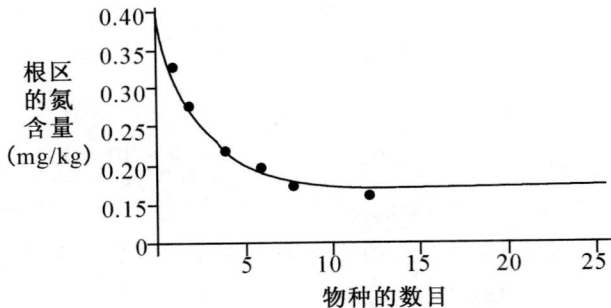

图 8-3　不同区域土壤中氮元素含量

请用一句话表述 Tilman 得到的实验结论。

_____。

　　该样题考查的是生物学科观念中稳态的观念。以生态系统中生物之间的关系为例，考查对生态系统稳态维持的理解。食物链与食物网是生态系统中普遍而又复杂的现象，通过食物链和食物网生态系统实现了物质交换、能量流动和信息交换。在通常情况下，生态系统的结构和功能，包括生物种类的组成、生物数量比例、能量流动、物质循环和信息传递都处于相对稳定的状态，即稳态。稳态的维持机制是生态系统的自我反馈调节。

知识链接

　　稳态是指内环境理化性质的相对恒定状态，理化性质包括温度、PH、渗透压、化学组成等。目前，稳态的概念扩大到泛指体内从细胞和分子水平、器官和系统水平到整体水平的各种生理功能活动在神经和体液等因素调节下保持相对稳定的状态。

　　稳态即相似的状态，是美国生理学家坎农（W. B. Cannon）于20世纪20年代末提出的。稳态是内环境恒定概念的引申与发展。内环境恒定概念是19世纪法国生理学家贝尔纳（Claud Bernard）所提出。他认为机体生存在两个环境中，一个是不断变化的外环境，一个是比较稳定的内环境。内环境是围绕在多细胞动物的细胞周围的细胞外液。内环境的特点是其理化特性及其成分的数量和性质，处于相对恒定状态，为细胞提供一个适宜的生活环境，也是维持生命的必要条件。"内环境恒定是（机体）自由和独立生存的首要条件"，这是贝尔纳对生命现象的高度概括。在坎农时期，稳态主要指内环境是可变的又是相对稳定的状态。稳态是在不断运动中所达到的一种动态平衡，即在遭受着许多外界干扰因素的条件下，经过体内复杂的调节机制使各器官、系统协调活动的结果，这种稳定是相对的，不是绝对的，一旦稳态遭破坏，就会导致机体死亡。

随着控制论和其他生命科学的发展，稳态已不仅指内环境的稳定状态，也扩展到有机体内极多的保持协调、稳定的生理过程，如生命活动功能以及正常姿势（直立及行路姿势）的维持等；也用于机体的不同层次或水平（细胞、组织器官、系统、整体、社会群体）的稳定状态；以及在特定时间内（由几毫秒直至若干万年）保持的特定状态。稳态不仅是生理学，也是当今生命科学的一大基本概念。它对控制论、遗传学（基因的稳态调节）、心理学（情绪稳态等）、病理学、临床医学等多种学科都有重要意义。

样题 40：蓝藻水华（本样题由宣武教研中心杜玉芬设计底题）

图 8-4　蓝藻水华

蓝藻在长期的进化过程中，发展了一套独特的形态和生理生化机制，能够在各种不同环境包括极端恶劣的环境中衍生，使其比其他生物具有一定的竞争优势。在一些营养丰富的水体中，蓝藻常于夏季大量繁殖，消耗掉水中的溶解氧，造成水体缺氧、腐臭，并在水面形成一层蓝绿色而有腥臭味的浮沫，称为"水华"（见图 8-4）。

问题 1：蓝藻水华（层次：再现、回忆）

下列与蓝藻的细胞结构不同的生物是_____。

A. 醋酸杆菌　　　　　　　　B. 大肠杆菌

C. 酵母菌   D. 乳酸菌

问题 2：蓝藻水华（层次：分析、综合）

蓝藻又称蓝细菌，一般呈蓝绿色，是地球上最早出现的光合自养生物。有关蓝藻的叙述不正确的是_____。

A. 蓝藻在生态系统的成分中属于生产者

B. 蓝藻进行光合作用的场所是叶绿体

C. 蓝藻细胞中同时存在 DNA 和 RNA

D. 蓝藻细胞的细胞壁不能被纤维素酶分解

问题 3：蓝藻水华（层次：分析、综合）

引起水华的蓝藻中，近 50 种是产毒的。如鱼腥藻、束丝藻、微囊藻、节球藻、念珠藻和颤藻等。产毒蓝藻能产生多种毒素，如肽（肝毒素）、生物碱（神经毒素）和脂多糖（皮炎毒素）等。其中微囊藻、节球藻等产生的毒素是现有促癌物，人体长期接触含有微囊藻毒素的水华，会引起皮肤癌、呼吸道疾病、肝癌等。下列关于蓝藻产生的肝毒素的描述正确的是_____。

A. 与甲状腺激素有相同的基本单位

B. 分泌过程需要线粒体供能

C. 通过诱导正常基因突变成原癌基因而引起癌症

D. 可与双缩脲试剂反应呈紫色

问题 4：蓝藻水华（层次：理解、应用）

水体富营养化引起的蓝藻水华暴发已成为我国众多湖泊污染的主要形式，预防、控制和减少蓝藻水华的发生及其危害是摆在湖泊管理者面前的一项重要任务。目前，常用的蓝藻水华控制方法有如下三种：物理方法，主要有隔离法、超声波破碎法、机械或人工打捞水藻以及底泥清除等；化学方法，主要有除藻剂杀灭法、絮凝沉淀法等；生物方法，主要是生物修复技术，即利用植物、动物和微生物吸收、降解、转化水体中的污染物。你认为哪种方法更好，并解释原因。

_____。

该样题考查的是生物学科观念中的稳态的观念，展示的是稳态被破坏的例子。稳态的维持靠的是生态系统的自我调节能力，但生态系统的自我调节能力是有一定限度的，当外力的影响超出这个限度，稳态就会遭到破坏，生态系统就会在短时间内发生结构上的变化，甚至导致生态危机。样题中蓝藻水华的产生是由于进入水体中的污染物的数量超出了水体所能承受的限度，破坏了原有水体的正常功能，造成水体的富营养化。

知识链接

赤潮（red tide）是海洋中某些微小（2～20微米）的浮游藻类、原生动物或更小的细菌，在满足一定的条件下暴发性繁殖或突然性聚集，引起水体变色的一种自然生态现象。"水华"（water blooms）是一种在淡水中的自然生态现象，仅由藻类引起，如蓝藻（严格意义上应称为蓝细菌）、绿藻、硅藻等。"水华"发生时，水一般呈蓝色或绿色。这两种在自然界的赤潮和"水华"现象，在我国古代历史上就有记载。在自然界中它们很快消失，并没有给水产动物和人类带来危害。

由于人类经济的发展，对大自然造成了许多干扰，最主要的是 N、P 营养成分的增加，造成淡水、海水的富营养化，为水中这些微小生物的暴发性生长提供了十分有利的条件。在赤潮消失期，赤潮生物大量死亡和分解，耗尽了水中的溶解氧，分解物产生大量的有害气体，恶臭难闻，严重威胁海洋养殖业和旅游业的发展。同样地，淡水中富营养化后，"水华"频繁出现，面积逐年扩散，持续时间逐年延长。太湖、滇池、巢湖、洪泽湖都有"水华"，就连流动的河流，如长江最大支流——汉江下游汉口江段中也出现了"水华"。淡水中"水华"造成的最大危害是：饮用水源受到威胁，藻毒素通过食物链影响人类的健康，蓝藻"水华"的次生代谢产物 MCRST 能损害肝脏，具有促癌效应，直接威胁人类的健康和生存。

三、统一性的观念

生命的统一性是指在生命活动中,生物的结构与功能是相统一的,生物与环境是相统一的,生物体的局部与整体也是相统一的,生物多样性与共性也是相统一的。生物学统一性的观念与哲学思想相呼应,是对生物学内容的整体认识,因此在中学生物教学中应渗透统一性的观念。

样题 41:警戒色和拟态

警戒色与拟态是生物学中的两个术语,警戒色是指有毒的动物所具有的鲜艳色彩和斑纹。警戒色是生物在进化过程中形成的,可以使敌害易于识别,避免自身遭到攻击。一种生物模拟另一种生物或模拟环境中的其他物体从而获得好处的现象叫拟态。有些拟态的动物,它们看起来是色彩鲜艳,看似有毒,但对捕食者实际上无害。科学家们在观察到这些现象后提出的问题是:这种拟态的作用是什么呢?他们的假设拟态是一种有利的自我保护,因为会使捕食者误认为拟态者就是那些对它们有害的物种。为了验证这个假设科学家们设计了一组实验:在认真的考察之后,他们选择了一种称为"东珊瑚蛇"的毒蛇,这种蛇颜色鲜艳且剧毒,捕食者很少攻击这种蛇。还有一种蛇叫猩红王蛇,属于无毒蛇,也有鲜艳的颜色(见图 8-5)。

猩红王蛇(无毒)　　　　　　东珊瑚蛇(有毒)

图 8-5　猩红王蛇和东珊瑚蛇

问题1：警戒色和拟态（层次：再现、回忆）

根据上述材料，下列说法正确的是_____。

A. 凡是颜色鲜艳的蛇都是有毒的

B. 颜色鲜艳对于潜在的捕食者而言是有危险性的

C. 珊瑚蛇的外观会排斥捕食者

D. 以上都对

问题2：警戒色和拟态（层次：分析、综合）

科学家们决定对假设"拟态是一种有利的自我保护"进行检测，他们预测捕食者攻击有鲜明的红、黄、黑环的蛇的频率低于它们攻击无警戒色蛇的频率。为了检验这种预测，科学家用铁丝和塑料制成人造的蛇（见图8-6），并进行相应的实验。

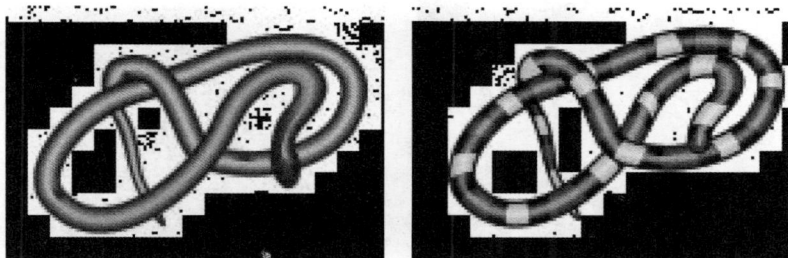

（a）纯褐色的人造蛇　　　　　　（b）有彩色环的人造蛇

图8-6　人造蛇

下列实验设计中恰当的一项是_____。

A. 在多个观察点，分别放置多条纯褐色和多条有彩色环的人造蛇

B. 在多个观察点，放置一条纯褐色和一条有彩色环的人造蛇

C. 在多个观察点，放置数目相同的两种人造蛇

D. 在一个观察点，放置数目相同的两种人造蛇

问题3：警戒色和拟态（层次：分析、综合）

请用"若……则……"的语句对上述实验作出预测。

1. 若捕食者对有彩色环的人造蛇的攻击次数明显高于纯褐色的人造蛇，则说明_____。

2. 若 _____,

则说明 _____。

问题 4：警戒色和拟态（层次：分析、综合）

四周以后，研究小组收回了这些人造蛇并数了有抓痕或咬痕的"蛇"的数目，实验结果如图 8-7 所示。

对人造蛇总攻击次数的百分率

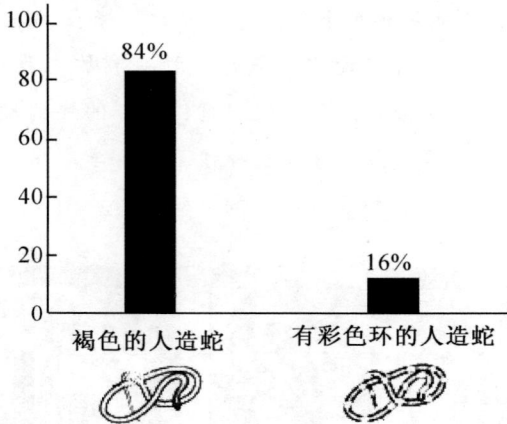

图 8-7

这个实验结果是 _____。

_____

这个结果说明了 _____。

该样题考查的是生物学科观念中统一性的观念，以警戒色和拟态为例说明生物与环境的统一。生物与环境的统一表现在三个方面，一是形态上的统一，二是生理上的统一，三是生态上的统一。该样题反映的是生物与环境在形态上的统一。有毒的或不可食用的生物往往具有极为鲜艳醒目的体色，这种颜色对捕食者具有信号的作用，使食者见后避而远之。捕食者对具有警戒色的动物会产生条件回避反应。如样题中东珊瑚蛇有剧毒，其体色鲜艳醒目，很多捕食者都对它形成了条件回避反应。一些无毒的生物为了保护自己，在形态和体色上模拟有毒的生物，对有毒生物产生条件回避反应的捕食者，对其也会避而远之，从而减少来自其他动物的伤害。因此样题中人工模拟东珊瑚蛇，也会受到较少的捕食者的攻击。

四、层次性的观念

人类对生命现象的认识过程，由个体到群体、由现象到本质。人们对生命认识的深入，表现为对生命的多层次的研究。

样题 42：生命系统的结构层次（本样题由西城教研中心张怡设计底题）

达尔文在《物种起源》的最后描写道：凝视树木交错的河岸，许多种类的无数植物覆盖其上，群鸟鸣于灌木丛中，各种昆虫飞来飞去，蚯蚓在湿土里爬过。默想一下，这些构造精巧的生物，彼此这样相异，却以这样复杂的方式相互依存……你脑海中是否出现达尔文描写的景象了？其实在我们生活中常常被千姿百态的生命世界所吸引，也常常为芸芸众生的顽强生命力而感叹。在科学家那里，除了我们的感受外，他们还认识到生命世界是由不同层次的生命系统构成的。

可以说，一切生物体，从最低等的原核生物到高等的人类，都是组合起来的系统，是多层次的、结构复杂的系统。但从整体上看，各个层次间又是相互联系，相互依存，相互制约的。生命系统从微观到宏观分为了这样几个层次：细胞—组织—器官—器官系统—个体—种群—群落—生态系统—生物圈。实际上细胞还可以分为不同的细胞器，而细胞器又是由多种生物大分子和无机化合物组成的。这就是自然界生命系统的结构层次。

问题 1：生命系统的结构层次（层次：再现、回忆）

最大的生命系统是_____。

A. 生物圈　　　　　　　　B. 生态系统

C. 群落　　　　　　　　　D. 种群

问题2：生命系统的结构层次（层次：再现、回忆）

生物群落是指_____。

A. 一种植物

B. 一种动物

C. 人群

D. 多种有直接或间接关系的生物

问题3：生命系统的结构层次（层次：分析、综合）

一个人或一棵树属于自然界生命系统结构中的_____。

A. 组织　　　　　　　　B. 器官

C. 系统　　　　　　　　D. 个体

问题4：生命系统的结构层次（层次：理解、应用）

当人在奔跑时，呼吸加快，心跳也加快；植物生长过程中，根要吸收水分和无机盐，由根、茎、叶中的输导组织运送到各个器官的组织细胞中。这些事实说明了_____。

A. 人体的各个系统、器官之间在结构上有联系，在功能上是协调一致的

B. 植物生命活动中，各个器官之间也是相互联系，共同完成生理功能

C. 生命系统在结构和功能上是相互联系、相互依存的

D. 以上三项都正确

问题5：生命系统的结构层次（层次：理解、应用）

随着人对自然界、对生命过程认识的加深，如何处理好人类生存、发展与自然的关系，就成为全人类必须解决的问题。下列行为不正确的是_____。

A. 退耕还林、还草还湖

B. 建立卧龙自然保护区保护熊猫

C. 尽量开发自然资源并充分利用

D. 推广生态农业，最大限度地促进物质循环利用

　　生命截然不同于非生命物质，但是生命与非生命物质之间没有不可逾越的鸿沟，生命是从非生命的物质发展而来的。构成生物体的各种元素都没有特殊性，都是普遍存在于自然界的。但是由这些元素构成的核酸、蛋白质、多糖等大分子则是生命所特有的，所以它们才被称为生物大分子。脱氧核糖核酸即 DNA 有"繁殖"的能力，即在酶的参与下，能复制出和自身一样的分子。DNA 还能通过"转录"和"翻译"而决定核糖核酸和蛋白质的结构。一些分子生物学家根据这些特点而给生命下了一个定义，即生命是由核酸和蛋白质特别是酶的相互作用而产生的可以不断繁殖的物质反馈循环系统。这个系统是一个多层次的有序结构。细胞是构成生物体的基本结构与功能单位，但是在进化过程中，生命结构不是停留在细胞层次而是向更高的、更复杂的层次发展。相同细胞聚集成群就成了高等生物的组织，低等生物，如团藻、海绵等都是相当于组织层次的多细胞生物。

　　各种不同的组织构成器官，承担共同任务的各器官组成系统，不同结构和功能的各系统组合而成多细胞生物的个体。

　　个体从来没有，也不可能像鲁滨孙那样单独存在，它们总是以一定的方式组成群体或种群。种群中各个个体通过有性生殖而交换基因，产生新的个体。一个种群就是这种生物的一个基因库。在生物学上种群才是各种生物在自然界中存在的单位。

　　在同一环境中生活着不同生物种的种群，它们彼此之间存在着复杂的关系，它们共同组成一个生物群落。生物群落加上它所在的无机环境就是一个生态系统。生物圈则是包括地球上所有生物群落在内的最大的生态系统。

　　因此，在细胞这一层次之上有组织、器官、系统、个体、种群、群落、生态系统等层次。每一个层次中的各个结构单元，如系统中的各个器官、各种组织，都有它们各自特定的结构和功能，它们的协调活动构成了复杂的生命系统。这就是生命系统的结构。

参考文献

[1] OECD. PISA 2006 Assessment Framework. Paris：OECD Publications，2008.

[2] OECD-PISA（2005）. PISA 2006 Scientific Literacy Frame. Paris：OECD Publications，2006.

[3]（美）国家研究理事会. 美国国家科学教育标准 [M]. 美国国家科学教育标准. 戢守志，等译. 北京：科学技术文献出版社，1999.

[4] 张惟杰. 生命科学导论 [M]. 北京：高等教育出版社，1999.

[5] 霍格兰·窦德生. 观念生物学 [M]. 李千毅，译. 台湾：天下文化出版社，2002.

[6] 朱正威，赵占良. 生物学（义务教育课程标准实验教科书）[M]. 北京：人民教育出版社，2002.

[7] 周小山. 教师教学究竟靠什么：谈新课程的教学观 [M]. 北京：北京大学出版社，2002.

[8] 朱正威. 生命科学的学科特征与中学生物教学 [M]. 北京：北京教育丛书，2003.

[9] 埃里克森. 概念为本的课程与教学 [M]. 兰英，译. 北京：中国轻工业出版社，2003.

[10] 汪忠. 生命科学精要 [M]. 北京：高等教育出版社，2003.

[11] 冯忠良. 结构化定向化教学心理学原理 [M]. 北京：北京师范大学出版社，2004.

[12] 宋思扬. 生命科学导论 [M]. 北京：高等教育出版社，2004.

[13] 周云龙. 植物生物学［M］. 北京：高等教育出版社，2004.

[14] 刘恩山. 生物学教育研究方法与案例［M］. 北京：高等教育出版社，2004.

[15] 方舟子. 寻找生命的逻辑：生物学观念的发展［M］. 上海：上海交通大学出版社，2005.

[16] 吴相钰，陈阅增. 普通生物学·二版［M］. 北京：高等教育出版社，2005.

[17] 达尔文. 物种起源［M］. 舒德干，等译. 北京：北京大学出版社，2005.

[18] 胡玉华. 科学过程技能［M］. 北京：首都师范大学出版社，2006.

[19] 陈琦，刘德儒. 当代教育心理学［M］. 北京：高等教育出版社，2007.

[20] 王永胜. 生物学核心概念的发展［M］. 北京：人民教育出版社，2007.

[21] 人民教育出版社课程教材研究所生物课程教材研究开发中心. 普通高中课程标准实验教科书 生物 1（必修）分子与细胞［M］. 北京：人民教育出版社，2007.

[22] 人民教育出版社课程教材研究所生物课程教材研究开发中心. 普通高中课程标准实验教科书 生物 2（必修）遗传与进化［M］. 北京：人民教育出版社，2007.

[23] 人民教育出版社课程教材研究所生物课程教材研究开发中心. 普通高中课程标准实验教科书 生物 3（必修）稳态与环境［M］. 北京：人民教育出版社，2007.

[24] 胡玉华. 生物骨干教师论文集［C］. 北京：北京出版社，2009.

[25] 季苹. 教什么知识——对教学的知识论基础的认识［M］. 北京：教育科学出版社，2009.

[26] 孙国防. 关注生物学基本观点在教育教学中的渗透与应用

[J]．生物学教学，2009（34）：18－20.

　　[27] 北京师联教育科学研究所．世界课程改革与教学创新（科学教育的原理与科学教育思想）[M]．北京：学苑音像出版社，2009.

　　[28] 胡玉华．生物新课程教学与教师成长 [M]．北京：人民大学出版社，2010.

　　[29] 胡玉华．科学主题视野下的生物学观念的建构 [J]．学科教育研究，2010（5）：38－41.

　　[30] 胡玉华．PISA 科学素养评价方式对生物教学评价的启示 [J]．北京教育学院学报（自然科学版），2011，6（1）：41－44.

图书在版编目（CIP）数据

生物教师学科知识结构评价研究／胡玉华编著. —

北京：北京出版社，2011.6

ISBN 978 - 7 - 200 - 08806 - 9

Ⅰ．①生… Ⅱ．①胡… Ⅲ．①中小学—生物课—教师

评价—研究 Ⅳ．①G633.912

中国版本图书馆 CIP 数据核字（2011）第 115176 号

生物教师学科知识结构评价研究
SHENGWU JIAOSHI XUEKE ZHISHI JIEGOU PINGJIA YANJIU

胡玉华 编著

＊

北 京 出 版 集 团 公 司
北 京 出 版 社 出版

（北京北三环中路 6 号）

邮政编码：100120

网 址：www.bph.com.cn

北京出版集团公司总发行

新 华 书 店 经 销

北京同文印刷有限责任公司印刷

＊

787×1092 16 开本 13.75 印张 198 千字

2011 年 7 月第 1 版 2011 年 7 月第 1 次印刷

ISBN 978 - 7 - 200 - 08806 - 9

定价：28.00 元

质量监督电话：010 - 58572393